U0454160

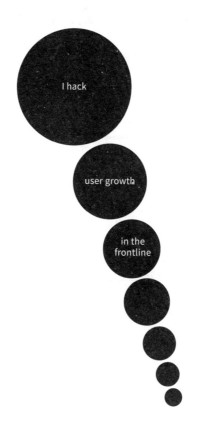

I hack

user growth

in the
frontline

我在一线做
用户增长

存量时代的用户运营之道

杨瀚清 _ 著

中信出版集团|北京

图书在版编目（CIP）数据

我在一线做用户增长：存量时代的用户运营之道 / 杨瀚
清著. -- 北京：中信出版社，2020.5（2020.11重印）
ISBN 978-7-5217-1641-2

Ⅰ.①我… Ⅱ.①杨… Ⅲ.①企业管理 Ⅳ.
①F272

中国版本图书馆CIP数据核字（2020）第036957号

我在一线做用户增长——存量时代的用户运营之道

著　　者：杨瀚清
出版发行：中信出版集团股份有限公司
　　　　　（北京市朝阳区惠新东街甲4号富盛大厦2座　邮编　100029）
承 印 者：北京诚信伟业印刷有限公司

开　　本：880mm×1230mm　1/32　　印　　张：8　字　　数：125千字
版　　次：2020年5月第1版　　　　　印　　次：2020年11月第2次印刷
书　　号：ISBN 978-7-5217-1641-2
定　　价：58.00元

大咖推荐

　　瀚清是一个对增长黑客特别有激情，也有着超过上万小时一线实战经验的人。过去 5 年从亚马逊总部、百度贴吧、ofo、滴滴到贝壳，他亲自操盘了不同行业、不同创业阶段且不一样频次的产品的用户增长实战，有得失，更有深度反思和独有见地的方法论提炼。互联网下半场，增长依然是不同类型公司的永恒诉求。无论是组建独立的增长团队，还是搭建增长中台赋能多种产品，瀚清都在此书中毫无保留地分享了他的深度见解和最佳实践。希望这本书能够帮助那些为增长焦虑，正在寻找增长破局点的创业者和操盘手。

　　　　　　——高榕资本投资合伙人、快手前首席增长官　刘新华

　　瀚清的这本书通过他自己过去在不同公司负责用户增长的经验并结合他平时从书本中学习到的知识为想要了解运营管理

的人员提供了一个很好的参考指南，让他们可以建立起科学判断的系统，最终为企业带来更好的效益！

——MFund 魔量资本创始人、91 无线前 CEO　胡泽民

目前国内做增长的人大概有三个层次：一是入门，每天按照公司给的预算或者获客成本盯用户、订单的增长；二是熟练，能够基于公司的商业目标来测算满足公司商业目标的情况，测算最合理的获客模式；三是专家，能够基于用户价值，结合公司长短期目标，设计公司整体长期可持续发展的品牌和增长策略。

瀚清毫无疑问是用户运营和增长的专家级别的高手。他在书里提到 ALTV 和 CAC 的关系、测试的冗余性和增长的确定性的关系、HVA 等各种基于成功实战经验总结的知识框架，这些框架都非常实用。

这本书的内容不仅仅适合互联网公司，对传统公司也有非常大的借鉴意义。

同样，这本书不仅仅适合做增长的同学看，我也非常推荐公司的高级管理者看看，因为增长是公司高级管理者必须要懂且抓的事情。

感谢瀚清的无私分享！

——VIPKID 联合创始人、总裁　张月佳

在更扁平的平台型世界里，用户增长是一种新的力量。用户增长在组织里的定位，以及用户增长团队自身的构建，都在快速迭代的路上。组织不立，事倍功半。相信这本书会给你带来丰富的实践案例和总结思考。

——贝壳找房前 CHO、华夏幸福前副总裁　郑云端

在拉新成本越来越高的情况下，提升用户的平均生命周期，向深发掘用户价值，是重中之重。在后一个层面上，《我在一线做用户增长》这本书提供了系统的方法论与丰富的实践经验，推荐所有互联网相关从业人员阅读。

——美团外卖用户增长中心负责人　白玲

在互联网企业，增长是最重要的事。那么，到底什么是增长？增长的路径是什么？这本书对这两个问题都提出了自己的看法。

不同于一般人理解的增长，作者回归到用户视角，提出了增长是利用一切资源让更多用户更高频地使用核心产品功能。这样正本清源之后，就不会只拘泥于一些增长手段，甚至做出短期看起来增长，长期来看伤害用户的事情。

接着，作者提出了他理解的增长目标、增长手段和增长路径。其中，增长目标是提升用户价值总量；增长手段是通过数据驱

动的迭代测试把主观认知变成客观认知，用测试的冗余性换取增长的确定性；增长路径包括漏斗型增长、功能型增长、策略型增长和整合型增长。这些路径既可以单独使用，也可以结合起来使用，最终达到提升用户价值总量这一增长目标。

作者通过他本人的实战经验分享，很好地诠释了上述几点经验的具体实现场景，既让大家彻底理解增长的总体框架，又对在实践中如何具体应用这个增长框架有了初步的认识，从而更好地在自己的工作中尝试使用这个增长框架。

作者作为一线的实战者，同时又有足够的抽象能力，为大家提供了一套非常难得的一手增长框架，值得每个增长操盘者认真学习。

——闪送创始人、CEO　薛鹏

虽然用户增长已逐步发展为一套系统、严谨、可测量、可复制的方法论与实操体系，但市场上依然充斥着大量以特殊技巧为导向的"实用派"，或者以逻辑框架为导向的"理论派"，尤其缺少能代表中国互联网特点的优秀案例和体系打法。所幸瀚清基于其多年跨领域实践及思考所著的新书，让我窥到了一丝中西交融、知行合一的独特味道。借以自省学习之必要——要想实现业务持续增长，先得保持认知持续进化。

——跟谁学副总裁、用户增长部负责人　罗斌听过瀚清的增长分享受益很多，非常期待这本书的出版。这本书中集结了他在亚马逊、百度和 ofo 工作期间的大量实战案例，同时结合了诸多前辈的经典增长理论，形成了自己独特、创新、接地气的方法论。"增长是利用一切资源让更多用户更高频地使用核心产品功能。"这是他经历国际和本土复杂实战后的精准总结。相较于国内热衷的活动型增长和硅谷偏爱的产品型增长，瀚清将增长更全面地概括为漏斗型、功能型、策略型、整合型四种类型，并提出了 Max（ALTV）用户价值总量增长的方法论。这本书能更好地帮助从业者拓展视野，理解增长的本质。

——领英运营增长负责人　陈怡静

用户增长不仅是公司业务的驱动力，也是价值文化的双向传递。爱彼迎致力于打造一个"家在四方"的世界，因此，如何搭建品效合一的用户增长平台，塑造强大的用户增长团队就显得尤为重要。感谢瀚清的分享，他多年的洞察和经验值得我们细细品读。

——爱彼迎中国增长负责人　孔直秋

几年前就认识了瀚清。他在互联网业界很令人瞩目，作为一位操盘过多款千万级 DAU 产品增长的大神,他的丰富经验和完整的知识体系非常令人佩服。拜读了他线下分享的文字总结《用户增长的两条最基本逻辑》,我如获至宝,第一时间分享给了团队。与狭义的仅关注用户数的增长不同,瀚清将增长的目标函数清晰地定义为 Max（ALTV）,即最大化累积用户全生命周期价值。事实上,近年来增长概念的火爆,也带来了一些顶着增长光环的"骚操作",如刷量、保活等,这本书以终为始的理念,无疑是正本清源,让增长回归用户价值,才是真正能成就创业者的增长理念。瀚清也不愧是有多年增长实操经验的互联网老兵,他提出的四大增长类型（漏斗型、策略型、整合型、功能型）以及丰富的实操案例,也让人极有启发。

——喜马拉雅商业智能中心副总裁　孙甜　博士

42 章经开了很多期增长营的课程和活动,直接、间接覆盖了几百个一线公司的增长、业务负责人,我可以很坦然地说,瀚清是我接触过的这个领域里的绝对前几名之一,他所讲的内容有理论、有实操,最难得的是很多是他自己总结的自成体系的一套内容,而且其中还有很多给人带来启发的创新点,比如 HVA 这部分。你一定要买书看一下。

——42 章经创始人　曲凯

同瀚清兄相识是在一个活动的分享上，听到了他从另外一个角度看用户增长的事情，让用户增长这件事更贴近业务也更立体。他通过过去在亚马逊、ofo等公司做增长的相关经验，提出了增长以终为始，利用一切资源让更多用户更高频地使用核心产品功能的理念，来丰富用户增长的方法论。正如大家讨论的，互联网人口红利时代结束，大家会更专注于用户增长的事情。这本书会是一个非常好的让你深入了解和理解如何做用户增长的入口。

——小红书增长营销负责人　栗冠明

瀚清既有在亚马逊、百度等成熟大企业的工作经历，也有在 ofo、滴滴、贝壳找房等创业公司的第一线增长实践。我有幸参与 42 章经组织的瀚清的增长培训，受益良多。作者对增长的精确定义、增长类型的划分，高屋建瓴地从理论对全书进行了拔高。加上作者在 ofo、滴滴等公司积累的生动实践案例，理论结合实践能够让读者对增长的精髓理解得更加清晰。最后，瀚清对 HVA、LTH 的定义在业界非常有新意，引发读者从用户增长到人生增长的思考非常有价值。这一本好书，期待早日面世。

——毒 App 首席技术官　陈思淼

和瀚清是在一次互联网沙龙上认识的，当时瀚清是主讲嘉宾，由他给大家分享关于增长的经验和心得体会。他在现场深入浅出地分享了很多关于企业增长的个人独特见解，让人茅塞顿开、醍醐灌顶，收获颇多，后来一直与他有沟通交流，得知瀚清在武汉大学读书，工作后又在杜克大学进修深造，然后相继在亚马逊、ofo、贝壳等知名互联网公司工作，既有扎实的理论基础，又有当下顶级移动互联网公司的实战工作经验。得知他要出一本关于增长的书籍，我非常为他高兴，相信这本书一定能为大家带来更多关于增长的独特见解和启发。反正我已经迫不及待地想要预订送给身边的同事和朋友们了！

——试玩互动 CEO　胡健

　　瀚清是比较少有的不仅在多家一线知名互联网公司工作过，而且直接负责过高频和低频产品的用户增长和运营的专业人士。经投资人朋友介绍，我和他有过两小时的交谈，感觉瀚清不仅实战经验丰富、案例信手拈来，而且对用户增长底层逻辑和方法论的思考也非常深入，已经能自成体系，实属难能可贵。今天用户增长的模型和理论已经有很多了，例如 AARRR 等模型，但有创新突破的不多；今天做用户增长企业案例研究的人也很多，但真正有丰富一线实操经验和成果的人少。另外，今天很多在用户增长实操方面经验和成果丰富的从业者，又很少有做系统梳理并形成理论的。瀚清能将自己多年的实践经验和心得，通过系统思考整理成书，非常难得，而且他提出的用户增长的两条底层逻辑，以及用户增长是用户价值总量（ALTV）增长，而非用户量增长等理念，颇有创新思考。我个人觉得他的理论不仅对偏线上的互联网产品具有借鉴价值，对线下产品或服务行业也具有适用性和参考意义，因此推荐一读。

——悟空租车创始人兼 CEO　胡显河

瀚清在增长方面有非常深刻的底层洞见，有自己成体系的增长方法论和丰富的操盘经验。对比其他介绍硅谷用户增长的书，瀚清的新书更加贴近中国特有流量生态下的增长实践，是有中国特色的增长方法论，是一本看完就能用的增长手册。

——简寻 / 趣招聘创始人、CEO　何斌

瀚清把个人的人生观贯彻在了他的工作上，即 LTH。用户增长是真的关注用户的长期价值，让更多用户更高频地使用核心产品功能，而不是一味短期增长 DAU、注册用户等数字。书中对于增长的本质、实操案例、数据迭代测试方法、增长团

队搭建等经验都有极专业的分享，早几年看到本书可少走一些弯路。

——环球黑卡合伙人　昌悦

做业务增长的同学经常会纠结一些问题：业务指标这么多，究竟哪个是现在的核心指标？市场上出现了一些新的增长手段，为什么我做就没有效果？瀚清有过多年互联网增长的操盘经验，打过不少硬仗和胜仗，在实战中瀚清总结了做增长最基本的道理。本书就是一本中国互联网业务增长的说明书，做增长的同学拿到这本书不用想太多，照着做就对了。

——水滴保险商城在线营销负责人　邵文

目 录

推荐序

增长，对任何企业都是永恒的主题。不论初创公司还是已成熟的大企业，在经历一段高速发展后，都会触碰到阶段性的天花板。能否持续创新和保持增长，正是一家公司走向伟大或平庸的关键。

在"网络效应"非常明显的互联网领域，通常是得用户者得天下。所以对赢得用户的重要性，再如何强调都不为过。特别是企业增长，往往和用户增长有很大的重叠部分。瀚清的这本书不光是对用户增长的系统性总结，更涉及对企业总体增长的思考，并且突破了消费互联网的局限，延伸到了产业互联网视角，对传统企业该如何实现增长进行了思考建议。书中一些想法与我过往的经验不谋而合，因为都来自一线企业实战经验的真知灼见。

不论是在过去十多年管理迅雷的创业时期，还是我成立远望资本，转型成为投资人之后，与很多互联网领域的朋友和创业者接触下来，我发现增长是大家普遍最关心的问题。尤其是在人口红利和互联网红利几乎消失殆尽的情况下，用户的增长变成了存量博弈。大众渠道的用户获取成本不断攀高，让短视频、小程序、企业微信等这些私域流量载体，先后成为备受瞩目的风口。私域流量崛起的背后，体现的正是企业对流量和增长的焦虑。

所以用户增长相关人才开始在行业中变得炙手可热，相关的分享和培训也层出不穷，但真正有成功经验的用户增长人才却不多。像瀚清这样能够在自己实践经验的基础上，进行深度思考并提炼升华的人更是少之又少。

本书不光在战术层面结合实操案例对如何做增长进行了演示，还从战略层面对增长进行了探讨。"用户增长的本质是通过数据驱动的迭代测试把主观认知变为客观认知，用测试的冗余性换取增长的确定性"，看似简单的总结，却凝结了作者对用户增长底层逻辑的深刻认识。作者主张通过各种基于实践方法论的战术项目，在战略上系统性地引导用户产生高价值行为，在拉新的同时不断提升用户价值，增长用户价值总量。

书中还对增长的组织保障与增长中台的搭建进行了探讨，这种对用户增长团队在公司组织架构中的位置和价值的认识是非常容易被忽略的。我过去的创业经验让我深信，缺乏合理的组织支撑，战略规划落到战术执行时就会举步维艰。

很多公司都没有专门的用户增长团队，即使有也是新成立不久，对于用户增长团队怎样与产品、运营、品牌营销团队配合，很多管理者都缺乏相关的经验，但这却是非常关键的一环，因为用户增长团队所做的工作和其他专业线的工作十分不同。用户增长工作有非常强的专业性，几乎是公司里面需要横向协同最多的一个团队。如果没有思考清楚用户增长团队与其他专业团队的接口如何设计，再厉害的增长黑客也会被掣肘而无法带来预期的增长。本书对此专门进行了分析和讨论。

虽然书中大部分内容都是说如何沿着第一曲线做增长，但很显然作者是把第一曲线和第二曲线的增长看成一个整体来思考的。为什么聪明的经理人会陷入"经理人窘境"，如何避免"经理人窘境"，作者站在创业者的视角来看这个事情，提供了合理且有趣的解读。

对于增长的认知，我也是在不断学习提升的过程中，中间也阅读了不少相关书籍。瀚清的这本书在给我带来新启发的同时，也帮助我梳理并重新提炼了之前创业过程中的相关经验。希望大家阅读后都能有所收获。

程浩

远望资本创始合伙人、迅雷创始人

前 言

　　过去几年，在做互联网产品用户增长的过程中，我遇到了很多困惑，由此产生了很多思考，也经历了很多实践和方法论的迭代。在此期间，我还研究了很多介绍增长黑客和用户增长的书。然而，理论和实践的差距是巨大的。

　　经常有朋友找我说：你帮我参谋一下，看看我这个产品的用户增长应该怎么做。遇到这样的情况，我一般会先给他们推荐几本书，但通常他们的回答是书都已经看过，但还是不知道自己这个产品的用户增长应该怎么做。原因是书中的很多案例都是国外的，而国内可以获得的资源、竞争环境、产品形态、组织架构、用户习惯等诸多方面都与国外不同。所以过去几年，我一直在思考的问题是：中国式用户增长究竟应该怎么做？除了战术上的增长动作，如何从战略上看待用户增长？

　　很多增长黑客相关图书中介绍的新奇招数现在已经是人人

会做的标准动作了，结果就是增长黑客的概念大家都懂，但碰到一个具体的产品大家还是不知道应该怎么做用户增长、怎么构建用户增长团队，仅停留在增长黑客的概念层面。因此，我写本书主要是想和大家探讨以下几个问题。

- 在国内具体环境下，针对一个产品，应该怎么做用户增长？
- 用户增长与渠道投放的关系是什么？
- 用户增长的基本方法论有哪些，如何应用这些方法论？
- 用户增长与产品的关系是什么？
- 用户增长与运营的关系是什么？
- 用户增长与品牌市场的关系是什么？
- 如何构建一个理想的用户增长团队？

这些问题没有标准答案，我希望和大家一起探讨。在过去几年中，我做过电商、社区、出行、房产交易等不同领域高频、中频、低频产品的用户增长，希望把过程中的一些思考和经验在本书中与大家一起分享、讨论，以尝试回答上面这些问题，并讨论中国式用户增长应该如何做。

在探讨的过程中，我会结合一些经典的案例，从第一决策人的视角，让大家看到决策的逻辑。但仅看到结果，大家对于方法论的理解还是会比较浅。所以，除了结果之外，我也会尽量让大家清楚背后的思考过程，这样大家对方法论的理解就会比较深刻。书中的分享讨论如能让大家少走一些弯路，甚至给大家带来产品用户量及用户价值的快速增长，我则不甚欣喜！

　　虽然用户增长的概念来源于国外，但中国的互联网公司在自己飞速发展的过程中已经有意或无意地对用户增长进行了很多本土化的思考。我希望通过本书和大家一起深度探索中国式用户增长之路。

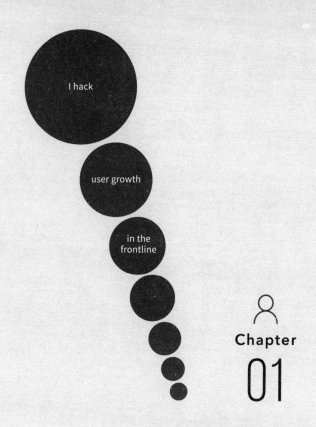

I hack

user growth

in the
frontline

Chapter
01

如何做
用户增长

在和一些朋友交流用户增长经验的时候，我发现大家通常有这样一个误区：产品增长一旦遇到瓶颈，就需要迅速组建一个用户增长团队来解决这个问题。这样真的能有效解决问题吗？

对于很多公司而言，用户就是一切，是公司估值的基础，公司的一切经营活动都是围绕如何获取用户并提升用户的 LTV（life time value，生命周期总价值）来展开的。既然用户这么重要，那实现用户增长是否应该是公司 CEO（首席执行官）的主要职责，或者由 CEO 直接管呢？

组建一个用户增长团队，给团队制定 KPI（关键绩效指标），然后大家像销售团队一样拼命干业绩，目标就能达成了吗？一般来说，不太可能！那用户增长究竟应该如何做呢？

在回答这个问题之前，我们先定义一下什么叫用户增长。我对用户增长的定义是：以终为始，利用一切资源让更多用户更高频地使用核心产品功能。这个定义中有三个关键词。

第一，"更多"涉及的是用户获取。但很多人以为用户增长就是用户获取，就是拉新，这是相对比较片面的认知。

第二，"更高频"对应的是提升用户的访问频次，但未必包含提升访问时长。如果用户使用某个产品的目的是解决一个问题，比如寻找某个问题的答案，那比较好的体验是让用户用最短的时间找到问题的答案，而不是让用户花很多时间。工具提效（save time）类产品一般都属于这个范畴。但如果用户使用产品就是为了消磨时间，发现有趣的信息和事物，那这时合理的做法是让用户在该产品上花更多时间，消磨时间（kill time）类的产品一般都属于这一类。

第三，"核心产品功能"则是非常重要也往往容易被忽略的一个要素。虽然大家平时经常说拉新、促活，但如果用户在使用某个产品时没有体验到该产品的核心产品功能，这对产品而言绝对是一个损失，对用户而言也是没有意义的。而要让用户体验产品的核心功能，就要先吸引用户。很多产品都会设计一些小游戏来吸引用户进入，这种做法有效吗？是否还有其他办法吸引用户呢？我在这里先卖个关子，在后面"用户增长与运营团队"这一章节用实际案例来给大家解答。另外，核心产品功能在不同阶段也会不同。如果原来的核心产品功能无法再满足用户的需求，而新的核心产品功能又没有开发出来，那增长的停滞甚至下滑就是不可避免的。这一内容我会在后面的"增长曲线跨越"这一章节进一步详细讨论。

用户增长和战略其实是高度相关的，在公司或产品发展的不同阶段，战略重点不同，用户增长的关注点也是不一样的。二者的关系是：战略是起始点，决定中短期目标；提供用于满足用户基础体验的产品是路径，而增长项目则是在这个路径上行驶的车，让我们从一个地点到另一个地点。至于我们乘坐的是跑车还是牛车，那就不一定了，这和增长项目的规划、执行能力高度相关。增长策略保证这条路上的车能始终沿着路径向正确目标的方向行驶。但我们要认识到，并不是所有的车都能行驶到终点。事实上，大部分车都无法行驶到终点，因为很多增长项目都会以失败告终。掌握正确的增长方法论能提升项目的成功概率，让更多的车跑到终点。此外，车要想跑得快，还得有汽油。这里的汽油其实就是指的组织保障。我在和很多业内人士交流后，发现大家常常忽略这一点。没有汽油，车就跑不动或者只能跑跑停停，就需要到处去借汽油。同样道理，没有组织保障，增长项目就会断断续续，节奏也会被拖得很慢。

因此，要想实现用户增长，我们需要做到以下几点。

1. 根据公司战略，确定增长的阶段性目标是什么。

2. 结合行业特性，深入思考，从目标倒推实现路径和相应的增长项目。

3. 根据项目思考组织保障，成立闭环团队或打破部门墙的紧耦合功能团队（FT，Feature Team）。

4. 兼顾长期增长目标，提前思考如何跨越增长曲线，避免陷入"经理人窘境"（后文会详细介绍）。

5. 在假设单个增长项目大概率会失败的前提下，设计、执行具体增长项目。

下面，我就结合具体案例展开讨论，看看每一步应该怎么做，要注意哪些问题。

确定增长的阶段性目标

其实，做用户增长和选择公司战略有点类似，最大的挑战不是如何做，而是到底应该把有限的资源投到哪些地方、选择什么样的增长项目。要想确定当前阶段需要做的增长项目，就要明确当前的战略目标是什么。下面，我用 2017 年我在 ofo 小黄车负责的用户增长和运营案例与大家探讨一下。

2017 年年中我加入 ofo 的时候，它的日订单量低于摩拜，这对 ofo 来说是非常不利的。因为当时我对共享单车这个行业的判断是到当年年底 ofo 和摩拜要合并，只有合并才能让这个行业走上良性发展的正循环。而合并时哪一家占主导，大概率是由用户量和订单量决定的。当时，ofo 公司上下达成的共识是合并必须要由自己占主导地位，所以公司短期内的目标就是用户量和订单量要超过摩拜。而要做到这一点，最重要的就是要集中公司优势资源，让 ofo 的日订单量超过摩拜，而且要在短期内完成这一目标。否则，一旦合并提前发生，一切就没有意义了。现在，目标已经明确，下一步要做的就是确定增长项目了。

确定增长项目

当时，摩拜开展了红包车项目，用户只要把特定的红包车骑到指定地点，就可以得到金额不等的红包。具体的活动形式如图 1-1 所示。

在图 1-1 中，我们可以看到，在骑行前，用户可以在摩拜App（智能手机应用程序）上看到附近有哪些车被显示为红包图案，这些被显示为红包图案的车就是红包车。用户有效骑行红包车超过两分钟就能得到小额随机红包。开始骑行后，用户还能看到一些带有金额的红包圈，将红包车停放到这些红包圈内，就可以得到显示的红包金额。摩拜开展这个项目的主要目的是提高摩拜单车的使用率，一般在 App 显示为红包样式的车都是位置比较偏或者车辆比较集中、供过于求的地方。这样能让用户主动把利用率低的车骑到车辆供不应求的地方，例如地铁或商圈附近。

摩拜红包活动 —— 骑行前无红包金额，骑行后各停放点有

骑行前界面

骑行后界面

图 1-1　摩拜红包车项目

　　我们当时分析了摩拜的这个红包车项目，觉得这是一个非常好的创意，让用户把车调度到有旺盛需求的地方，再把调度

费当成红包发给用户，这样不仅让用户享受了实惠，也提升了调度效率，还有宣传效果，是一个非常好的项目。坦白说，如果当时不是有合并的预期，我一定会找时间做一个类似的项目。正如大卫·奥格威所说："在全世界搜寻，把最好的偷来"（"Search the world and steal the best"）。但是当时，我觉得ofo与摩拜的合并迫在眉睫，立刻模仿并不能帮助ofo在短时间内大幅增加订单量并带来新用户。

下面，我们再回到这个案例，一起来分析一下这个项目是否真的能达到预期的效果。首先，我们来看一下谁会对红包车感兴趣。共享单车的核心用户是上班的通勤族，单车主要用于中短距离连接，尤其是上下班高峰期从地铁站往返办公场所的场景。在这种场景下，大家使用单车都是为了赶时间，不会为了一点小额红包而特意去找红包车，更不要说把车骑到指定的地点去获得金额稍大一点的红包了。

即使在非通勤时间，普通用户也不会特意去骑车来获得红包，因为大家骑车的目的是从一个地点到另一个地点，希望快一点、省力一点。愿意通过骑红包车来获得这些小额红包的用户，一般都是有大把空闲时间并且对金钱比较敏感的用户。从提升订单量的角度来看，这些用户并不是我们想要吸引的用户，而且这些用户在总用户中的占比也非常低，对于在短期内大幅提升订单量是没太大帮助的。所以，我决定先不做这种以调度车辆为目的的红包车项目，要做至少也要等战局稳定后再说。

虽然当时我没有立即做红包车项目，但我对于这个创意一直是比较欣赏的，而且摩拜已经先让用户熟悉了红包车这个概念，所以后来 ofo 做红包车也是一个合理的选择。

不过与摩拜不同的是，ofo 当时做的红包车是所有车辆都有红包，只要产生有效骑行就随机送红包，对于停车地点也没有要求。这一方面加快了开发上线的速度，另一方面也降低了宣传成本和用户的理解成本。用户一下就能读懂规则，只要骑车就可以得随机红包。

虽然骑车发红包听起来是一个比较简单的项目，但其实里面有非常多的细节要考虑，例如红包金额控制策略、功能宣传、反作弊等，这些内容我会在后面的章节详细探讨。通过骑行红包这一项目的快速迭代，ofo 迅速实现了对摩拜订单量的反超。后来，ofo 又开展了基于红包车的"超级星期五"运营活动，进一步扩大了对摩拜的领先优势。直到我离开 ofo，小黄车的订单量都一直大幅领先摩拜。在"用户增长与运营团队"这一章节，我会详细介绍"超级星期五"这个活动。

ofo 订单量反超摩拜的这个案例说明：选择比努力更重要，努力是标配，选择更可贵！我在加入 ofo 的第一次高管汇报中，就分享了这个观点。所以，大家应该看到：明确目标是多么重要，在目标明确的基础上，选择做什么是最难的，这也是做用户增长最难的部分，尤其是在面临短期大幅增长压力的时候。而在选择过程中，比较难的是面对众多可以做的项目，我们要放弃哪些项目，尤其是在我们的竞争对手做了一些看起来非常合理的项目时，我们是跟还是不跟？选择做什么比怎么做重要100倍！

正是因为选增长项目如此重要，我再给大家分享一个案例。摩拜曾经上线过一个积分商城叫"摩拜成就馆"。该项目的参与方式是：用户只要使用摩拜单车就可以得到三种不同类型的虚拟币——省时币、环保币、健康币，可以使用这三种不同的虚拟币在摩拜成就馆里兑换不同的礼物。

从概念上来说，我认为摩拜成就馆是相当成功的。"省时""环保""健康"，听起来就让人觉得非常时尚、有档次，也符合当时摩拜给人的品牌感觉。相比 ofo，摩拜的小资格调和科技感还是比较高的。而 ofo 当时给人的印象是比较年轻、欢快、有活力。当然，这也符合两个公司不同的品牌定位。

摩拜成就馆上线后，我们团队中有人说：ofo 也应该做一个这样的功能，这个功能给人的感觉比较好、上档次、有品质，这说明摩拜是从长远考虑来规划产品功能的。当时，ofo 也确实

图 1-2　摩拜成就馆

准备做一个类似的积分商城。不过，这个积分商城项目不是由我负责。当时，摩拜成就馆方案的供应商已经联系上了 ofo 的产品团队。后来，ofo 的用户运营团队由我来负责，这个供应商也通过产品团队联系上了我。那么，ofo 是否也需要上线一个类似摩拜成就馆的积分商城呢？

为了回答这个问题，我们还是来看一下当时 ofo 的目标是什么。当时，ofo 的目标是在短期内大幅提升订单量。而要实现这个目标，ofo 应该将重点放在哪些场景呢？

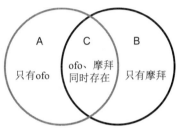

图 1-3　ofo 与摩拜竞争场景示意

从图 1-3 中，我们可以看到，A 场景只有 ofo 小黄车，B 场景只有摩拜单车，C 场景 ofo 小黄车和摩拜单车同时存在。对 ofo 来说：不用过多关注 A 场景，因为在这一场景中，用户没的选，有骑车需求只能骑 ofo 小黄车；也不用太关注 B 场景，因为在这一场景中，如果不考虑 ofo 车辆的调度，用户有需求也只能骑摩拜单车；需要重点关注的是 C 场景。假设 C 场景是地铁站，用户出地铁口同时看到了 ofo 小黄车和摩拜单车，我希望这时用户能凭感觉，用快思考去选择 ofo 小黄车，不选摩拜单车。这对用户来说，不是一个特别重大的决策，所以我不希望用户调动慢思考，想很久。因此，我们的增长项目要做的就是给用户埋下快思考线索，让用户在 C 场景中凭感觉第一时间选择 ofo 小黄车。

现在，我们再假设 ofo 也上线了一个叫作 ofo 成就馆的积分商城。那么，这个积分商城要怎样才能影响用户在 C 场景的决策呢?

图 1-4　用户决策过程示意

我们从图 1-4 中可以看到，用户的整个思考线索链条非常长，而且用户需要骑行很多次才能获得足够的虚拟币，反馈周期也非常长。而很多用户在看到 ofo 小黄车的时候，还没有建立起一条完整的思考线索，即没有意识到骑很多次车就能获得足够积分在成就馆换一个相对有价值的商品。这个思考线索链条太长了，难以在用户进行快思考决策时提供有效辅助。也就是说，用户从地铁站出来，在同时看到小黄车和摩拜单车时，很难想到自己要在 ofo 成就馆换商品，所以要骑小黄车积累各种虚拟币。何况对用户来说，具体换什么商品、要骑多少次才能换到商品也是不清楚的。因此，上述决策过程其实是非常难做出的。如果不能让用户做出在 C 场景选择小黄车的决策，那这个项目就无法实现我们的目标。根据这一推演，我当时顶住压力没有做积分商城项目。后来证明，我当时的决策是非常正确的。

当时，我还问了团队成员一个问题：在摩拜成就馆里，有什么你们喜欢的商品吗？你们需要骑行多少次才能换到喜欢的商品呢？没有一个人能准确答出来。我们的团队成员都是从事这个行业的，如果连他们都不清楚，又怎么能指望普通用户研究清楚从而建立明确的决策倾向呢?！当时看到这个情况，我就放心了。公司的资源是有限的，对摩拜而言，投入资源去做摩拜成就馆，就意味着放弃了其他项目机会，而这恰恰给了 ofo 机会。在竞争激烈的时候，顶住竞争对手的压力，选择不做什么也是非常重要的！

在商业竞争中，如果竞争对手做了某个产品功能，一般我们跟风做，就算效果没有达到预期，往往也说明了我们市场嗅觉敏锐、反应及时，不会被过多诘责。相反，如果这个产品功能被证明效果很好或者你的老板觉得非常好，而你没有做的话，后果往往很严重。所以从个人角度来说，跟竞争对手做同样的动作，常常是最安全的，但一般都不是最好的。这个时候，认清当前目标尤为重要，要以终为始、深度思考，方能有理有据独立决策。

增长组织保障

我常听到这样一种声音：组织保障是最容易的，不就是组建一个用户增长团队，去协调各种资源做增长项目，然后实现增长目标嘛！这种想法暴露了一个很严重的问题——实现用户增长的组织保障常常是最容易被忽略的。

"天下武功，唯快不破"，这句话在用户增长上也适用，尤其是处于激烈竞争环境中时。用户增长的本质是通过数据驱动的迭代测试把主观认知变为客观认知，用测试的冗余性换取增长的确定性。如果不能实现快速迭代测试，是无法形成增长势能的。靠提需求、走产研、大排期，是不可能实现快速迭代测试的。因此，这也是考虑用户增长组织保障的基础。

常见的实现用户增长的组织形式有四种。

第一，由原有的某个职能团队兼做用户增长，例如产品团队、运营团队或者市场营销团队。采用这种组织形式的最大问题是团队往往受到自己原有工作视角的局限，不能站在全公司的视角最大限度地整合利用所有资源来做用户增长。如果兼做用户增长的团队不是产品团队，一般在增长项目的排期上都会遇到不小的挑战，因为用户增长工作的优先级很多时候和产品团队工作的优先级是冲突的，这种冲突会体现在具体的项目排期上。这一组织形式是唯一一种不需要成立专门的用户增长团队的。

第二，成立一个专门的项目增长团队，该团队的职能主要由增长项目经理负责。其具体工作有：制定增长策略，提出增长创意，设计增长方案，同时作为 PMO（项目管理中心）推动项目落地、拿到结果，并对增长结果负责。采用这种组织形式的好处是有专业的负责用户增长的人员，但是在协调资源上的难度，很多时候比第一种组织形式还要大，因为该团队的成员可能不来自任何一个原有部门，没有任何根基。

第三，成立一个专门的用户增长团队，由产品、研发、运营、市场、PR（public relation，公关）等团队派出 BP（business partner，商业合作伙伴）支持用户增长团队的工作，这些 BP 的绩效由用户增长团队的负责人决定或主要根据用户增长团队的意见来决定，从而形成一个增长 FT（功能团队）。而且，这些 BP 中的大部分人是要把全部精力投入在用户增长工作上的。相对而言，市场或 PR 等团队在用户增长项目上的需求强度不如产研高，因此这些团队可以通过 BP 机制部分投入。与前两种组织形式相比，这种组织形式有了巨大的进步，因为已经形成了软闭环，在用户增长项目迭代上效率较高，带来的增长势能也比较足。

第四，成立一个专门的用户增长团队，该团队的职能涵盖自有的产品、研发、运营和市场等各种职能，从而形成小的硬闭环。采用这种组织形式是迭代速度最快的，也是最少见的。因为建立这样的组织结构，往往会面临各种挑战，例如：如何解决团队成员的职业发展问题，如何在公司内部建立对应的支撑体系，如何消除其他职能部门的不满等。

通常，我们总是希望用一种对现有组织冲击最小的方式来建立一个用户增长团队，这种想法是完全可以理解的。但是，从用户增长效率的角度来说，如果用户增长这项工作不值得我们在组织上做大调整来保证增长效率，那说明它在我们心目中没那么重要。用同样的方法或组织形式做事，却期待得到不同的结果，这听起来简直不可思议，可这却是我们经常在做的事！

我在 ofo 的时候，ofo 的用户增长组织结构比较像上面提到的第三种形式。其实它当时实行的也不是严格的 BP 制度，但是受滴滴的影响，带有明显的滴滴风格。那时，ofo 的很多员工都觉得滴滴最终会绝对控股或完全收购 ofo，而我又是滴滴介绍到 ofo 的，所以自然带有滴滴背景。我在 ofo 组建了专门的用户增长团队，其他职能团队因为我们和滴滴的关系，也都非常配合。这样，我们的团队就成了名副其实的增长 FT。

相比之下，摩拜没有专门的用户增长团队，用户增长由产品和市场团队兼做，这种组织形式比较像上面提到的第一种。虽然摩拜的这两个团队都在做用户增长，但是它们都觉得这项工作是自己的，所以二者之间其实是存在竞争的。机缘巧合，

Chapter 01
如何做用户增长

019

我在离开 ofo 后，在其他公司碰巧面试了一些之前在摩拜做用户增长的人，也了解了当时摩拜做这一项目的背景，获得了一些不同视角的信息，从而更加深了自己对用户增长组织保障形式重要性的理解。

一个公司如果没有专门的用户增长团队，很多不同部门的人都会认为自己是做用户增长的。因为这个领域相对热门，如果哪个人是做用户增长工作的，那么在市场上是有溢价的。但是，一旦增长达不到预期，这些声称自己做用户增长的人都不会觉得是自己的责任，从而出现"有功人人蹭，见锅拼命甩"的情况。因此，一个公司要想做好用户增长，一定要有一个合理的增长组织结构来保障。

增长曲线跨越

做用户增长，如果只是沿着同一条增长曲线发力，那么最终一定会走到死胡同，无法实现持续增长。中国式用户增长不仅要沿着第一曲线（见图 1-5）做，还必须探索新曲线的增长，这是实现持续增长非常重要的一环。有关增长非连续性的内容，我建议大家参考克莱顿·克里斯坦森的《创新者的窘境》，就不在此赘述了。克里斯坦森的增长三部曲——《创新者的窘境》《创新者的解答》《创新者的基因》^①，对于通过渐进式创新和破坏式创新来实现增长有深刻的探讨。而增长曲线跨越，是中国式用户增长非常重要的一个组成部分，所以如果大家还没读过这三本书，我强烈建议大家在读完本书后也去阅读一下。

一个优秀的用户增长团队，一定要在早期就考虑增长曲线的跨越问题，并投入资源进行相应的探索。这种探索，往往也是公司对未来发展方向的选择，因为很多探索会颠覆公司现有的生意模式。通常来说，在对新曲线进行探索时，公司要有独立的机制和投入，否则增长团队就应该承担起类似的职责。但增长团队在承担类似职责时，要和公司最高领导层达成一致。至于如何探索，则和具体公司的具体业务高度相关，很难有一个通用的方法论。不过，有一点我想提醒大家的是，我们应该尽量避免跌入"经理人窘境"这个死亡螺旋。

随着公司业务成熟度或产品发展阶段的不同，我们对于探索新增长曲线的迫切度或者说需求强度也是不同的。如图 1-5 所示，一般来说，越是在增长曲线的早期，我们对于找到新曲线的迫切度越低，需求强度也越低，可能只需要投入不超过 5% 的资源在新曲线探索上就行了。例如图 1-5 中的 A 点，在这一

---

① 这三本书的中文版均由中信出版社出版。——编者注

时间点上增长是比较强劲的，而且增速还在不断加快。在这个
时候，经理人对新曲线探索的投入意愿度是比较高的，因为完
全看不到业务增长的天花板，业绩压力相对较小。虽然此时投
入探索新曲线的资源不多，但是由于第一曲线业务增长强劲，
时间充裕，让经理人有很多尝试的机会，因而探索出新增长曲
线的概率还是相对较大的。

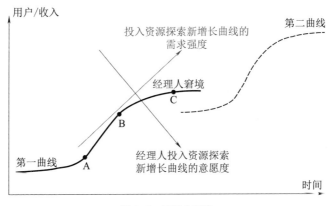

图 1-5　经理人窘境

如果经理人没有在 A 点投入到新曲线探索，或者一直都没
有探索出新曲线，那么随着时间推移，他会来到 B 点。在 B 点，
业务增长已经放缓，增长压力也非常大了。此时，经理人面临
巨大的业绩（考核）压力，投入资源探索新增长曲线的意愿度

比在 A 点时已经下降了许多。

当增长进一步放缓，到 C 点时，业务已经停止增长甚至开始下滑，经理人面临巨大的业务压力，会把能获取的所有资源投入增长，可这些资源都被投入在第一曲线上。为什么会出现这种情况呢?

表 1-1　创新项目成功概率与潜在收益示意

场景	成功概率	潜在收益	收益期望值
A	10%	1 000	100
B	30%	100	30
C	90%	10	9

当处于 A 点的时候，经理人业绩增长压力不大，他们更多关注的是潜在收益，关注潜力巨大的增长，也就是表 1-1 中的 A 场景。此时对经理人来说，成功概率低没关系，时间充裕，可以多尝试几次，因而更关注项目潜在收益的大小。

当进入 B 点时，经理人已经比在 A 点时保守了，愿意投入的创新项目的创新度也没那么高了，他们会选择成功概率较大而创新程度较低的项目。此时对应的就是表 1-1 中的 B 场景。

当进入 C 点时，经理人为了业绩的增长已经殚精竭虑，再也没有任何心思投入资源探索新曲线。此时，如果经理人不能做出业绩，其职业发展就会面临巨大危机。所以，他们愿意投入资源做的"创新"项目是那种几乎没有创新性但成功概率相对较高的项目，即表1-1中的C场景。

这种项目虽然成功概率大，但能带来的增长量却很小，甚至不足以弥补业绩的下滑量，所以业绩还会进一步下滑。可这时经理人能看到的只有成功概率，如果把资源投入到成功概率低的项目上，大概率会失败，时间也不允许经理人做过多尝试。具有讽刺意味的是，没有充足的时间进行多次尝试，新曲线怎么可能轻易探索成功呢?! 前面我说过，用户增长就是用测试的冗余性来换取增长的确定性，增长曲线的跨越也是同样道理。一次尝试就探索成功，这几乎是不可能的。

自然界的进化其实也是这样的，用基因变异的冗余性来换取进化的确定性。生物基因会发生各种突变，最终有利于生存的基因被遗传下来，从而促进生物的不断进化。要是没有这种冗余的突变，生物的进化一定不会像今天这样。要想用冗余性来对抗不确定性，就要多次尝试低概率的事，这是一个基本规律。

一般公司老板或董事会对经理人的考核都是有时间周期的。试想一下，你的主营业务在不断下滑，这时你告诉董事会主营业务已经没救了，自己正在全力探索新曲线，结局会怎样? 所以，聪明、能力强的经理人都是经验极其丰富、在职场上千锤百炼过的，早就能推演出这种结局。

前人栽树，后人乘凉。优秀的经理人都有很强的洞察能力，善于找到树荫。经理人自己种树甚至化为肥料去滋养这棵树，却等不到乘凉的机会，最后反而让别人乘凉，这种情况一般不太可能发生。当业务增长曲线在 C 点附近时，让经理人再投入资源做原有曲线之外的探索，就是让其"化作春泥更护花"，这不符合人性。所以，越是优秀的经理人在这个时候越不可能跳出原有曲线，这不是经理人本身的问题，而是"经理人窘境"。这种情况特别适合用一句话形容，即我总结的形容希腊神话宿命式情节的那句话：人性让我们自然产生的这种试图逃避命运的行为，恰是命运借以屡现的手段。

那么，经理人窘境究竟能否被打破呢？在两种情况下也是可以的：一种是控制力强的创始人自己直接主管业务，收缩战线，把资源聚焦在有前景的新业务上，加速探索第二曲线，例如苹果的复兴；另外一种就是董事会在对经理人平时的考核中就加入对其创新探索的考核，让经理人在第一曲线业务增长压力较小时，就持续投入探索新曲线，把新曲线的成长情况纳入对其的考核。但第二种情况是很难出现的，尤其是对于上市公司而言。上市公司的股东很多都是资本市场上的机构投资者，他们对于短期收益是非常看重的。所以，投资长线很难被资本市场接受，亚马逊创始人杰夫·贝佐斯早期也为此长时间被机构投资者诘难。

增长项目设计与执行

前文提到过，做用户增长实际上是在用测试的冗余性来换取增长的确定性，这就意味着大部分增长测试是以失败告终的。所以在一开始，我们就要想到，项目失败后下一步要怎么做，同时为了提高项目成功的概率，可以提前做哪些事情。后续我会以具体实战案例来说明增长项目设计与执行过程中的一些关键点，但在此之前，我需要给大家介绍一下增长项目的类型。我把中国式用户增长项目划分为四种类型：漏斗型增长、功能型增长、策略型增长和整合型增长。

漏斗型增长

漏斗型增长的概念我认为可以追溯到弗雷德里克·泰勒的科学管理思想。泰勒对于效率的提升，不在于对技术的提升，而在于对使用技术的流程的优化。斯坦利·麦克里斯特尔在《赋能——打造应对不确定性的敏捷团队》①这本书中描述了泰勒在巴黎博览会上展出的一个金属加工系统，该加工系统引起了行

---

① 本书中文版由中信出版集团出版。——编者注

业人士的围观，因为它每分钟可以切割 15 米钢铁，而当时行业的标准仅仅是每分钟切割 2.7 米。泰勒系统的速度差不多是行业标准的 6 倍。其实，泰勒并没有发明什么新技术，但他发现，随着技术的进步，管理技术的方法论并没有相应提升。也就是说，软件的进步并没有跟上硬件的进步。这其实和用户增长领域的工作非常类似，随着大家对增长的要求越来越高，技术其实早就已经不是瓶颈，但是有关用户增长的经验和方法论积累，还远远无法满足大家对增长越发强烈的诉求。

泰勒的科学管理思想，其实也是还原论的中心思想，即认为复杂的世界可以被拆解为很多细小、简单的组成部分，如果每个部分的输入是确定的，那整体的输出其实也是确定的。泰勒认为，我们能把工作流程尽可能拆解为低技术含量的细小环节，通过优化各个简单的环节，大幅提升整体效率。

在做漏斗型增长项目时，我们也是把用户在产品中的体验流程拆解为一个个细小的环节，通过优化每个环节的转化效率，提升用户整体的 LTV。从这个角度看，我们的想法和泰勒的科学管理思想是完美契合的。但是对比泰勒的思想，漏斗型增长也有一些不同的地方。泰勒认为在工作被拆解为细小的环节以后，执行每个任务环节的工人只相当于一个机器，他们要做的无非就是像卓别林在《摩登时代》中展现的拧螺丝钉工作而已。

但是在做漏斗型增长项目的过程中，每个环节的优化都需要大量的测试。设计测试方案、执行测试和分析结果的增长团队成员都具有很强的自主性，而且还能够充分发挥自己的创造性，找到一些富有创意的想法来提升转化。所以，漏斗型增长是科学管理与艺术创造的结合，相对于泰勒对工人的要求，我们对漏斗型增长项目团队人员的要求要高很多。增长本身就是一项技术和艺术相结合的工作。

漏斗型增长项目是增长项目中最常见的，大家经常听到的 AARRR[①] 模型其实就比较好地展现了漏斗型增长的概念。AARRR 模型是一种比较基础的增长方法论，本书中不会对其做具体介绍，读者可以自行搜索相关内容。

简言之，漏斗型增长的核心就是提升用户从一个环节到下一个环节的转化率。以共享单车为例，为了提升用户从注册到首次下单的转化率，新注册用户可以获得免押金且免费体验骑行的特权，这样就能极大降低用户首次骑行的门槛，从而让更多用户发生首次骑行。这么做的核心逻辑是相信自己的产品体验足够好，尽可能地降低门槛让用户体验几次，他们会自然产生

---

① AARRR 代表获取用户（acquisition）、提高活跃度（activation）、提高留存率（retention）、获取收入（revenue）、自传播（refer）五个单词的首字母，这五项对应用户生命周期中的五个重要环节。——编者注

复购行为。另外，还有针对某些页面布局和内容做的转化优化，让用户点击进入下一个环节或不进入下一个环节，例如用户在退出或退订某项服务时的二次确认。

我在 ofo 时，针对用户退押金的环节，就采用了一些类似的策略。当时某个片区的车辆因为遭到恶意破坏，坏车比较多，没能及时修理，用户在骑到坏车或者连续扫码遇到坏车的过程中，会产生非常不愉快的体验，进而怒退押金。我们在用户退押金的过程中，有针对性地优化了选择退押金原因的界面。如果用户选择的原因是遇到坏车，我们就会在页面上显示提示文字，告诉用户车辆遭到恶意破坏，我们正在抢修。就这样一个简单的举措，就让用户退押金比例降低了。当然，这是通过 A/B 测试证明并排除了季节性干扰的。这只是非常初级的漏斗型增长案例，在此我就不细说了。

在四种增长类型中，漏斗型增长一般是比较直观，比较容易设计和执行的，也是最常见、最基础的增长方法之一。

功能型增长

顾名思义，功能型增长一般就是给产品增加某种功能，从而带来用户的增长或活跃。大家常见的分享功能、给用户发红包、邀请拼团享低价等都属于这类。前几年，单独做一个类似的功能，一般都能带来不错的增长。但是现在，分享、发红包、拼团、砍价等几乎是各个产品的标配了，只增加这一个功能，是不太可能带来较好增长的。

而且，开发一个比较复杂、以用户增长为目的的新功能，风险是比较大的。一般开发这种功能耗费的产研资源都比较多，如果不成功，成本会比较高，增长的节奏也会被拖得比较慢，因为需要经过产品方案的提出、开发、测试、修复漏洞等环节。所以，我不太喜欢单纯的功能型增长，功能型增长往往要和策略型增长结合，才能充分发挥优势。下面，我会深入说明为什么要把功能型增长和策略型增长结合，并会结合实际案例来阐述。

策略型增长

策略型增长是我最喜欢的一种增长方式，它就像一个放大器，叠加在普通功能之上，会产生化腐朽为神奇的效果。这一点可以用一个形象的比喻来说明。功能型增长就像一挺重机枪，不太容易被搬到其他地方，造出来摆在某个地点后，如果这个地点没有出现敌人，那我们好不容易造出来的武器就浪费了，有点像马其诺防线；但是如果把功能型增长和策略型增长相结合，就像把重机枪装在了越野车上，它会瞬间变成用户增长的大杀器。一个会移动的"马其诺防线"，我们可以想象一下它的强大！策略型增长非常完美地体现了测试冗余性换取增长确定性这个底层逻辑。

那到底什么是策略型增长呢？举个大家耳熟能详的例子。给用户发 Push[1] 推送消息是一个非常常规的动作，而且往往被认为有骚扰用户的嫌疑。但是如果我们先让 BI（商业智能）分析师分析一下用户数据，形成一些用户标签或画像，给部分用户发某种类型的消息，甚至通过不断手动筛选用户群组和更换消息类型，就能找到一部分特别适合推送某种消息的用户。寻找这种特定的映射关系就是我们通过测试发现的一种发 Push 消息的策略。

我们还可以进一步把这一策略自动化，在开发 Push 系统时就设置自动化推送的功能。只要测试的次数足够多，我们就能发现足够多的可自动化的策略。这充分体现了测试冗余性换取增长确定性的逻辑！积累足够多的用户、足够多的个性化内容，再把二者配对。说到这里，大家的脑海里面是不是已经弹出某个 App 的名字了！

---

[1] Push 是给用户界面发送的主动且实时的消息推送。——编者注

　　下面，我就以在 ofo 做红包车的案例，来更详细地说明一下功能型增长如何与策略型增长相结合，以及在设计与执行这类增长项目时需要考虑的一些关键点。

　　在"确定增长项目"中，我已经介绍了红包车项目的背景，以及为什么选择做这样一个红包车项目。方向已经确定了，剩下的就是撸起袖子加油干！我说过，增长项目失败或不能带来预期增长是大概率事件。所以，在做红包车项目之前，我们需要思考，如果这个项目效果不好，我们该怎么办？如果把它做成一个固定的发红包功能，即一个单纯的功能型增长项目，那大概率会失败，所以我们必须把它做成功能型增长和策略型增长相结合的项目。就算项目最初失败也没有关系，我们可以通过不断调整发红包的策略，在预算有限的情况下，不断探寻最优策略。

　　增长项目大概率会失败是我前面反复强调的，为了应对这一问题，我们要不断寻找各种方法和资源来提升项目成功的概率，要想到每个环节可能都不会按照我们预想的情况发展。当时，ofo 是在 2017 年十一假期前三天才确定这一项目的，时间比较紧。我提前拟定了一个清单，把各个部门的同事召集在一起，在项目启动会上直接就分配了工作。

- 　红包车项目的发红包策略必须可以随时调整，通过特定的算法让红包金额、中奖概率、大额红包发放时间段等全部可配，后续再通过订单数据来实时调整策略。这种策略调整的影响，在十一假期结束后更明显。早上上班族赶时间，车辆一般供不应求，这个时候红包金额不需要大，只需要有比较小的红包就行，重点是让大家保持对 ofo 红包车的热度，同时在早上的红包中预告中午午休和下午下班时段的红包活动，让大家知道后续会有额度更大的红包出来。中午时段相对是个低谷，但是通过调整红包策略，能明显把订单拉出一个小高峰。晚上下班时段订单密度比早上低，红包活动也能让订单晚高峰期延长，从而产生更多订单。一系列的策略调整实际上让用户形成了一个快思考逻辑：骑 ofo 肯定有红包，没准运气好还能有大额红包。让用户在面对多个选择的时候，形成优先选 ofo 的习惯。

- 用户不可能一开始就知道这个红包车活动，红包车上线前期肯定有很多用户不知道这个功能。所以要想增大项目成功的概率，就不能把所有钱都用来发红包，还必须留出一部分钱来做用户推广，尤其是在项目前期，后期可以不用。

- 用户骑车是在线下，因此在用户看到车要开始骑的这个线下场景去宣传也非常重要。但因为时间紧迫，做运维人员的宣传马甲已经来不及了，取而代之的是可以做一些简易的胸贴、背贴，贴在线下车辆搬运、维护人员的衣服上。

- 用户骑车后，我们希望他们能分享这个活动，帮我们宣传。因此为了鼓励用户分享，我们设计了一个红包翻倍的概念，用户只要分享就能获得翻倍红包，前期翻倍红包上线前，要让用户知道分享就能增加获得大奖的概率。另外，要把平常就爱分享的 KOL（关键意见领袖）用户通过数据圈出来，增加他们中大奖的概率。翻倍红包和分享增加中奖概率的概念，在当时还是比较新颖的，现在已经被行业大量借鉴。但是针对平常就爱分享的 KOL 用户，尤其是那些分享后还能带来很多用户点击的 KOL 用户，要提升他们的中奖概率。这一点大家借鉴得较少，因为这是一个后台策略，在产品前端看不出来。

- 为了进一步增大项目前期的影响力，我还设计了一个 bug 营销 [①] 的点，可以给某些 KOL 用户发超出其预期的大额红包，然后在网上发一些 ofo 系统出漏洞的文章，形成薅羊毛事件传播的爆点。可惜当时 CEO 担心投资人的看法，这一策略没能付诸实施！

- 同时在各个城市，让当地运维团队充分发挥自己的能量，

---

① 即漏洞营销，指商业活动故意放出一个漏洞，利用人们自以为聪明的心理来完成活动的病毒营销。——编者注

想办法看还有哪些渠道可以推广红包车活动。有些城市自己做了简易车挂，还有些城市洽谈了一些闲置的商场显示屏来免费推广我们的活动。

- 另外，给用户比当时网约车的补贴更夸张的补贴。网约车是给用户打车优惠券，而共享单车不仅是骑车免费，还给现金红包，骑车还倒送钱！当时，我担心出现 PR 风险，所以在启动会上把 PR 部门的同事也叫上了，让他们做好应急预案。因为红包车上线正逢十一假期，万一有负面影响要及时应对。

以上是我当时设计、执行红包车项目考虑的一些主要关键点，其他关键点就不一一列举了。通过上面列举的这些事项，我希望大家能注意到三点：（1）红包车功能只是一个外壳，真正带来无限可能和想象力的是实时调整的红包策略，这是靠人力来实时迭代的，但这种迭代比改产品功能要容易很多；（2）为了提高红包车项目成功的概率，我们对各种可能导致项目失败的情况做了应对预案；（3）为了保证增长项目的成功，我们当时动用了除产研外的多个部门，包括大数据、品牌市场（包含预算）、城市运维、PR 等部门。大家可以对照看一下，自己公司的用户增长团队能否在短时间内调动这么多资源，公司各相关部门是否有对接增长的 BP。

我非常有幸在 2017 年参与并主导了堪称当年互联网最大的一场战役。回想起 ofo 当时的成功逆袭，我觉得，增长团队的贡献固然重要，但如果不是我们带着滴滴的光环，这场仗不可能赢得这么漂亮！在这里，我要感谢 ofo 这个平台，感谢滴滴的引荐。虽然后来共享单车战局往一个大家都不愿看到的方向发展了，但当时，无论 ofo 还是摩拜，大家都尽情投入其中，打了非常精彩的一仗！

整合型增长

整合型增长的前提是要增长的产品不再是纯互联网产品，或者不再是线上部分占主导的业务。线上产品本身不再构成一个体验的闭环，线上产品与线下产品或服务一起才能构成一个完整的体验闭环，而且线下产品或服务所占的比重还比较大，比如预约上门服务、买车、买房等。针对这些产品，其线上部分仍然可以采用我们之前介绍过的用户增长方法和理念来做增长，但是其线下部分所占的比重越大，线上部分的增长对全局的影响就越小。在这种情况下，更大的增长潜力来自线上产品与线下业务的融合，这种融合往往面临巨大的挑战。这一内容在后面介绍产业互联网增长的时候，我会进一步阐述。

而这种融合之所以会面临巨大的挑战，主要是基于以下两个原因：

第一，线上背景团队（互联网团队）不甘于只做工具，无论是导流工具，还是IT（信息技术）作业工具；第二，线下背景团队（传统行业团队）对线上的理解可能还停留在IT工具上，内心深处并不一定真的认为互联网能对有些业务造成多大冲击，更不要说颠覆了。

在过去十多年，互联网是发展最快的行业之一，互联网从业人员的薪资待遇水平也是比较高的，所以这一行业聚集了非常多的优秀人才。很多传统公司现在也在积极拥抱互联网，也在探索如何用互联网来优化现有的业务模式。这些公司一般都是先高薪招一些互联网背景的人。当然，它们高薪招聘并不是自愿的，而是被迫的。因为互联网行业的平均薪资水平本来就高，很多人都愿意跳槽去品牌更响的互联网龙头企业镀金。因此以传统业务为主的公司，往往要提供更高的薪资才能吸引到人才。这些人被高薪招聘来之后，一般都有雄心壮志，希望用互联网思维来颠覆行业，最后却发现自己被行业给整疯癫了。

而在传统公司，主营业务的核心负责人一般都是线下出身，业务能力极强，对线下业务的理解也非常深刻。在这种情况下，他们对路径的依赖是非常严重的，其对于线上团队的期待也更多地像对于 IT 部门的期待，希望线上团队能满足他们的需求，提供各种能帮助业务提效的工具。但是，仅仅提供能提效的工具肯定不是想用互联网思维改变世界的线上背景团队愿意做的。更何况在原有业务框架内，用互联网思维去探索一个新模式、颠覆原有业务模式已经在《创新者的窘境》这本书里被多次证明不可行了。互联网团队不愿意做工具，传统业务团队不愿意更不相信自己会被颠覆，结果就是二者进行反复的博弈。到最后，工具没做好，融合创新更不可能。

　　一般主动拥抱互联网的传统企业，都是所在行业的佼佼者。这些企业的核心业务领导人，更是对他们所做业务的方方面面有深刻的理解。在团队执行力方面，大部分互联网背景人员更是无法望其项背。传统企业互联网化，一般都是由线下核心业务的负责人来主推，他们要想办法用互联网思维和工具来逐步改造自己所在的行业。这非常容易理解，毕竟公司的现金流是线下业务团队创造的，丢掉了这个根基，公司的发展就危险了。但是，由于原有线下业务负责人的路径依赖，所有资源肯定都会往还在赢利的线下核心业务倾斜，尤其是在强调执行力的 KPI 文化中。这样继续下去，最终的结果一般就是随着线上背景人员一批一批更换，互联网的改造变成了一句口号，收入依然是靠线下核心业务创造,直到沿着原有增长曲线走到尽头。

既然由线下核心业务负责人推动互联网存在诸多问题,那么完全让互联网背景团队来主导业务的改造是否可行呢?我觉得也不太现实。不可否认,很多互联网背景人员在智力、教育背景、综合素质上都非常优秀,但传统业务仅靠互联网思维和工具是不能被颠覆的。所以比较好的方式是,以互联网背景人员为主,线下业务人员为辅,在限定的物理范围和一定的资源投入下,以MVP(最简化可实行产品)的方式快速试错迭代。而试错迭代的资源一定是完全不依赖于现有核心业务团队的,否则不可能成功,但凡有流量依赖、人员依赖或其他资源依赖,成功概率都会急剧降低。

采用这种方式的好处主要有:(1)在尽可能摆脱路径依赖的情况下,借鉴传统业务的经验,从互联网的视角来探索新的业务模式,成功后再逐步复制扩大规模;(2)通过不断试错和迭代,探索团队可以扮演蓝军的角色。从反脆弱的角度来看,我们需要这个蓝军的角色存在。如果现有业务模式可能会被颠覆,我们一定是希望由自己来颠覆。同时,蓝军也为传统业务的持续改进优化创造了鲇鱼效应,就像微信对手机QQ的促进一样。

从PC(个人电脑)互联网到移动互联网,头部企业建立垄断地位的时间越来越短,所以纯互联网的机会也越来越短、越来越少。未来，更多的机会存在于互联网和线下传统业务公司的融合之中。这种融合一定不是形式上的融合，如果只是形式上的融合，就好比父母（传统业务）领养了一个青春期儿子（互联网）。虽然家庭成员通过领养组建了一个家庭，但彼此之间貌合神离，儿子桀骜不驯、看不起父母，父母觉得这个儿子养不大。真正的融合应该是爸爸（传统业务）和妈妈（互联网）有了一个儿子（新业务），是基因层面的融合，兼具传统业务的体魄和互联网思维。这种融合最终的结果是后浪推前浪，把前浪拍死，即使拍不死也会让前浪更强大！

互联网企业探索新的线下业务，应该采用O2O（Online to Offline，线上到线下）的模式，如果传统企业想用互联网改造自己的业务，选择另一种O2O（Offline to Online，线下到线上）的方式，则难度会非常大。通常来说，互联网从业人员的平均年龄比较小，在接受、学习新事物方面的优势非常大。而传统行业从业人员的平均年龄是偏大的，要想在传统行业取得成功也要有很多年的经验积累，而这些经验在进行新业务探索时会成为其羁绊。然而大部分企业采用的O2O模式，还是把线下的服务搬到线上或者从线上更多获取流量而已，其主导方还是线下业务的负责人。因此，要想探索成功，还得走OMO（Offline Merge Online，行业平台型商业模式）的路径，就是线下融合线上，从而诞生新的产品或服务体验。这本质上和增长曲线的跨越是一样的。历史证明，依托原有团队的协同效应，通过低风险试错来跨越增长曲线都是骗人的童话。

从趋势上看，大到业务模式转变的曲线跨越，小到业务环节的线上线下融合，整合型增长在未来的机会非常多。做整合型增长，需要改善的是用户在线上与线下业务的整合体验。让用户线上和线下的感知不再有明显的区分，对用户来说，这些都是你线上、线下的产品和服务给用户创造的一个整合体验。

在整合型增长上，我积累的经验不如前三种增长类型丰富，很多想法也是通过对看到的现象和碰到的问题进行不断思考与探索得来的，但是我坚信整合型增长在未来会有非常大的发展空间。

和很多书不太一样，我的讲述没有铺垫，上来就是干货，目的是希望大家能尽快看到一些比较重要的概念。最后，还是用我对用户增长的定义来结束第一章：以终为始，利用一切资源让更多用户更高频地使用核心产品功能。我上面举的一些案例都充分体现了这个定义的精髓。

想走剑宗速成路线的读者，看完第一章就够了。想走气宗修炼内功路线的读者，也不必自宫，继续往下看更多干货就行。

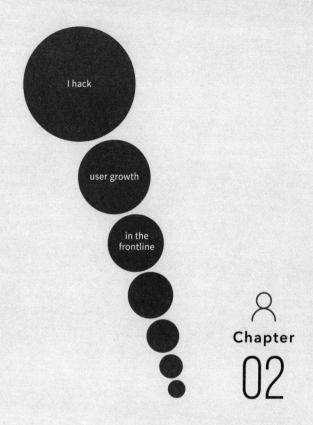

I hack

user growth

in the frontline

Chapter

02

用户增长与
渠道投放

用户增长演化史

　　用户增长的说法是最近几年出现的，但其实用户增长团队做的事情不仅存在于互联网行业，传统企业中也一直存在。只不过做这些事情的团队可能不叫用户增长团队，或者与增长相关的事情被分散在几个团队来完成。还有一点需要说明的是，大部分传统企业都让用户付费购买产品，很少有免费的产品，而且在传统销售体系下，要把产品送到用户手中会经历很多环节，在经过这些环节后，制造产品的企业甚至无法和终端用户建立直接的连接。所以在传统企业中，业绩增长和用户增长是类似的。而到了互联网时代，互联网公司在销售产品时大多采用羊毛出在猪身上狗买单的免费模式，互联网让企业与用户的连接与沟通变得容易很多。所以，互联网公司获取并留住用户，与传统公司把产品销售给顾客并让顾客重复购买自己品牌的产品是类似的。

传统快消品公司的品牌市场部，和现在互联网公司的增长团队比较类似。品牌和市场营销是快消品公司让用户选择自己产品的一个主要抓手，这部分工作主要是由品牌市场部承担的，它负责洞察和调研、产品概念研发、品牌定位和推广、广告及媒体投放、市场推广及促销、渠道拓展、市场执行等。品牌市场部做这些的目的是让用户喜爱并购买自己企业的产品，它具体是如何做的不是本书讨论的主题，在此我就不展开了。举这个例子是想说明，从本质来看，用户增长并不是多么新鲜或神秘的事，只是在不同的时期和不同的行业，有不同的一个或多个团队在做类似的工作。

即使到了互联网时代，用户增长也经历了不同的变迁。在PC互联网时代，搜索是入口，大家想要流量一般都去买搜索广告，很少有私域流量，所以SEM（搜索引擎营销）和SEO（搜索引擎优化）大行其道。但是到了移动互联网时代，由于App的封闭性，流量入口出现离散化，很多App都逐步和用户建立了更紧密的联系，形成了自己的私域流量。所以，这个时候的用户增长就逐渐变成了App的安装与激活，各大移动互联网公司都想方设法把自己的App安装到用户的手机上。而把自己的App安装到用户手机上并让用户激活的过程，在早期主要是通过各种渠道投放广告来实现的。

在移动互联网时代早期，智能手机出货量年年递增，用户红利比较高，所以最简单粗暴的实现用户增长的方式就是做手机预装：互联网公司和手机生产商谈好，直接把 App 集成在手机操作系统安装包中，出厂刷操作系统时直接就把 App 也装到手机里面，而且有些预装的 App 还无法删除，除非重新刷操作系统。这种方式的优点是成本低、量大。最早的时候，每个 App 的激活成本才 1 元，甚至更低。这样，花 1 亿元就能带来 1 亿新增激活用户，假设 10% 的用户能长期留存，那就是 1 000 万的 DAU（日活跃用户数量）。如果一个 App 能有 1 000 万 DAU，那其估值可能就是 15 亿 ~ 60 亿元。投入 1 亿元成本就能有这么大的收益，那这个投入产出比是非常高的。如果还想要更多的量，还有其他渠道可以选择。

其他渠道投放主要有以下几种方式：安卓手机预装，安卓手机厂商应用商店投放，安卓手机第三方应用商店投放，SEM，苹果 App store（应用程序商店）积分墙，苹果 App store 的 App 关键词优化（免费），苹果 App store 排名冲刺，DSP（需求方平台）/ 网盟广告，安卓手机系统刷机等。这些渠道投放的难度并不大，有钱就可以做，也不是本书的重点，就不详细展开了。

总的来说，在移动互联网发展的早期，拉新最快的方式就是饱和投放各种渠道，有火箭坐大家是不会坐汽车的。然而随着获取流量的成本逐年递增，靠渠道这一招鲜，已经不能再吃遍天下了。所以，用户增长就更多地被提上台面。另外，渠道投放只解决了拉新的问题，就算能通过各种DSP广告加上Deeplink（深度链接）来调动用户，在经济上也是不划算的。所以，渠道投放对于促活以及提升用户LTV帮助并不大。随着渠道成本年年攀升，不少以前做渠道的人都逐渐转行做用户增长，但做用户增长所要求的技能对这些人是非常大的挑战。

目前，常见的做用户增长的人的背景主要有：渠道商务、产品、运营、数据分析、市场营销、战略、研发、用户研究等。在实际工作中，我招过不同背景的人员，感觉数据分析、产品、运营背景的人员做用户增长是有些优势的，而渠道商务背景的人员面临的挑战相对比较大。

虽然从纯渠道转向用户增长，从CMO（首席营销官）转向CGO（首席增长官）是一个趋势，但目前渠道投放仍然是拉新的主要方式之一，尤其是在有大量预算的情况下。在短期内迅速提升用户量，还是渠道投放效果最好，再结合非渠道方式的用户增长项目，可以达到最优效果。所以，用户增长离不开渠道投放，而渠道投放的核心就是数据驱动的渠道投放策略。

数据驱动的渠道投放策略

在不同阶段，根据战略重点的不同和资源的限制，渠道投放会有不同的策略，但有一个趋势是不变的：对效果数据的监控越来越精细化，对投入产出比的要求越来越高。

图 2-1　App 渠道投放策略的关注点与演进

下面，我就介绍一下图 2-1 中的五种渠道投放策略。越往右的策略越精细化，也是我们应该优化的方向。

低 CPM/CPT

CPM 就是 cost per mille，即按照广告的千次曝光进行收费。在最早期最粗放的时候，我们只看广告的曝光量。除了部分品牌广告，我们一般不按照 CPM 付费，除非某些特殊媒体资源只接受这种付费方式。在按照 CPM 付费的模式下，我们的投放策略肯定是 CPM 越低越好。虽然付费是按照 CPM 进行的，但这并不代表我们不需要关注投放效果。在这种情况下，我们仍然应该尽可能构建从用户看到广告到最终产生我们希望看到的特定行为的追踪系统，例如通过设备号或 IDFA（identifier for advertising，苹果手机独有的广告标识）来追踪用户的转化情况。甚至在某些户外广告的投放上，我们都应该想办法追踪用户的转化，例如想办法看转化的用户在过去一段时间是否在我们投放户外广告的地方出现过，并根据一定的规则实现效果归因。

CPT 就是 cost per time，即按照投放广告的时间长度进行付费。这也是特别粗放的付费方式，是我们应该尽量避免的。但是即便是在这种付费方式下，我们也应该尽可能构建数据追踪系统，对效果归因。

所以，渠道投放策略的核心其实就是根据各渠道用户产生我们期望的特定行为的转化效果来决定各渠道的预算花费。

低 CPC

CPC 就是 cost per click，即按照用户的点击情况进行付费。在这种付费模式下，我们的付费节点其实已经比 CPM/CPT 模式后移了。即使无法追踪并归因后续的转化效果，CPC 的付费模式也至少表示我们只为感兴趣的用户付费，当然前提是没有点击作弊。

如果因为种种原因，我们暂时不能看到用户后续的转化，那就尽可能控制 CPC，让 CPC 足够低。

低 CPA/CPD

CPA 就是 cost per activation，即按照 App 的激活情况进行付费。这种付费条件已经非常优厚了，因为一个用户如果愿意下载你的 App 并且将其激活，这种行为已经充分表明了这个用户愿意花时间去试着了解你的产品。另外，有些互联网公司还会把激活定义为用户第二次打开 App，也就是二次激活，这样就更有利于控制成本，因为二次激活的用户肯定比一次激活的用户要少。

CPD 就是 cost per download，即按照 App 的下载情况进行付费。这种付费模式不如 CPA，因为很多用户有可能下载了 App 却不激活。造成这种情况的原因主要是用户下载中途转去其他 App，下载完成后找不到安装包或安装包被拦截，或者是安装完成后忘记激活。CPD 一般是很多应用市场要求的付费模式，而且这种付费模式一般以应用商店统计的下载数据为准。

很多应用商店还不分包,也就是说,无论是用户主动来应用商店下载 App,还是通过点击应用商店推广资源位来下载 App,都需要付费。一般在这种付费模式下,我们自然想到的就是 CPA/CPD 越低越好,毕竟这代表我们希望获取用户的成本越低越好。

此外还有一种 CPS 模式,也就是 cost per sales,即按照销售额或者收入进行付费。由于采用这种方式推广的 App 比较少,我在此就不详细介绍了。

在 CPM/CPT、CPC、CPA/CPD 这三种付费模式下,如果我们的关注点和优化点仅仅局限于付费模式本身,是非常不合理的。因为虽然有些渠道非常贵,但是用户的质量非常高,投入产出比是非常合适的。对于这些渠道,我们反而还应该加大投入。所以在渠道投放上,不管采用什么付费模式,我们都应该关注 ROI(return on investment),即投资回报率。

高 LTV/CAC

在渠道投放上,我们能获得的回报是什么呢?就是用户的 LTV,即用户在其生命周期内给我们带来的价值。把这个价值和 CAC(customer acquisition cost,用户获取成本)进行比较,

就是我们的回报率。显然 LTV/CAC 这个比值越高越好。需要
注意的是，虽然有时候 LTV/CAC 小于 1，即用户的获取成本
大于用户贡献的收益，我们还是要通过这些付费渠道尽可能多
地获取用户，这是为了尽可能快地抢占市场，形成战略优势，
用暂时的亏损来快速获取规模。

　　此外，还有一点需要指出的是，用户的生命周期对很多产
品而言很可能超过 1 年，在这种情况下如果要更严谨地计算
ROI，还需要根据资本回报率对 LTV 进行折现，因为我们获取
用户的成本是在当下就付出的，而回报是未来持续收回的，所
以需要把 LTV 折算成现值。不过这样计算的公司不多，因为用
户换手机的平均周期是 18 个月，而用户换手机后，很多 App
都需要重新付费去获取用户。这相当于一次获取用户成本对应
的用户生命周期也就 18 个月，没必要对 LTV 进行折现了。

高 7 日 R/CAC 或高 ELTV/CAC

　　根据用户的 LTV 和 CAC 的比值来决定投放策略，这是非
常理想的状态，但在实际中其可执行度却不太高。因为用户的
生命周期通常是 18 个月，我们是不可能投放一个渠道并等待
18 个月后再来评估 ROI 的。我们需要一个更短期的指标来帮助

评估一个渠道给我们带来用户的质量。我们可以把 7 日的收入
（revenue）与 CAC 进行对比来看。

为什么要选择 7 日收入呢？因为我们日常的生活与工作基
本都是以 7 日为一个周期，然后周而复始的。所以，把 7 日作
为一个小周期是能比较准确地预测用户的长期行为的。不过，
这 7 日最好不要包含节日，但可以包含周末，因为用户在节日
的行为和一般时间会有不同。虽然用户在周末的行为也会和工
作日有所不同，但因为周末也是以 7 天为一个周期重复的，所
以对我们的评估没有影响。

如果我们对用户的次日收入、7 日收入、15 日收入、30 日
收入与用户的 LTV 进行回归，会发现，把用户的 7 日收入作为
自变量，得到的关于 LTV 的回归方程调整后的 R^2[①] 是最大的。
用 7 日收入作为自变量的回归方程可以预测出一个用户 LTV 的
期望值，即 ELTV（expected LTV）。当然，我们也可以用更复
杂的模型来预测 ELTV。我们可以把 ELTV 与 CAC 对比来看投
资回报率，以此决定当期渠道策略。这样既可以满足策略调整
的及时性，又能兼顾用户带来的长期收益。

---

① R^2 用来度量回归直线对观测值的拟合优度，其最大值为 1。R^2 的值越接近 1，说
明回归直线对观测值的拟合度越好；反之，R^2 的值越小，说明回归直线对观测值
的拟合度越差。——编者注

最优渠道策略探索

无论采用什么付费模式，我们都需要构建一个用户追踪系统，以此获得用户的行为路径，然后根据我们的战略目标，确定当前 ELTV/CAC 的合适比值。一般情况下，ELTV/CAC 应该大于 1；也可以小于 1，但不能无限小，即使通过亏损来获取用户规模，这一比值也不能非常小。就算当前没有赢利模式，我们也应该预估一下未来可能的收入模式与收入范围，以决定当前的 ELTV/CAC 应该是多少。举一个具体的例子。如果我们设定的当前 ELTV/CAC 的合理值是 3，那凡是 ELTV/CAC 小于 3 的渠道都应该停止投放。

在实际的渠道投放策略管理中，有两点需要注意。

第一，我们需要在各个渠道中实现动态平衡。比如，如果某个渠道的 ELTV/CAC 小于 3，那我们应该减少这个渠道的预算，并把减少的这部分预算投到 ELTV/CAC 最高的渠道。因为只要某个渠道的 ELTV/CAC 明显低于其他渠道，就存在套利优化的空间。通过这种动态调配，最终所有渠道的 ELTV/CAC 都差不多，都大于或等于 3。

第二，由于大部分渠道的成本都是边际递增的，所以在看投资回报率时，我们应该看边际 CAC，这样更合理。举个例子。

假设我们每天能通过搜索 SEM 获取 100 个用户，每个用户的 CAC 是 20 元，用户的 ELTV 是 60 元，那么此时 ELTV/CAC 等于 3 是合理的。但实际上，并不是每个用户的 CAC 都是 20 元，有可能是下面这种情况：前 20 个用户的 CAC 是 15 元，中间 60 个用户的 CAC 刚好是 20 元，最后 20 个用户的 CAC 是 25 元。在这种情况下，虽然 100 个用户的平均 CAC 是 20 元，但其实最后 20 个用户的 CAC 是 25 元。而这最后 20 个用户的 ELTV/CAC 是小于 3 的，所以在这个 SEM 渠道上，我们最好每天只获取 80 个用户，因为这最后 20 个用户的投资回报率是达不到我们标准的。

在实际应用中，如果我们在估算 ELTV/CAC 时，在已经考虑了边际成本递增的情况下的平均值，也是没问题的。不过，我们要始终明白：精细化的 ROI 管控一定要看边际成本和边际 ROI，而不是平均数。

还有一个容易被忽略的点需要说明一下。在各种投放渠道中，用户第一次看见我们的广告，映入其眼帘的是我们的物料，即各种图片、文案或富媒体。常规优化投放物料的方式是根据 CTR（click-through-rate，点击通过率）进行优化，但由于用户的偏好不同，有可能出现特定的高 CTR 物料带来的用户 ELTV 比较低，最终导致高 CTR 物料可能并不如某些 CTR 稍低的物料好的情况。所以，在用户追踪数据和广告平台打通的情况下，对线上广告投放物料的优化最好也根据 ELTV/CAC 进行。

另外，还有一点需要注意。在计算投资回报率时，我用的是 CAC，而不是 CPA 或 CPD。因为我们的目的是获取用户，有时需要把传统渠道和其他用户增长方式组合使用，以求达到最优效果。举个例子。在某些付费广告渠道，我们的物料可以是推广用户红包活动，用户通过这个广告点击下载 App 后，激活（假设渠道 CPA 付费是 10 元）并注册就能享受到新用户红包 15 元。那么，我们获取这个注册用户的成本（CAC）就是 25 元，我们要把 CPA 渠道费和用户红包的成本加在一起看。在实际计算中，二者可能并不是简单相加的关系，因为有些用户虽然激活了 App，但并不会注册。对此，我们通常的做法是在一段时间内，把广告渠道的总花费和用户红包的总花费加起来，再除以注册用户数，算出平均 CAC。

上述各种投放策略都是基于理想情况的，在实际执行过程中，我们可能会由于各种原因无法获取数据或者受其他因素干扰，没有办法及时准确地根据 ROI 数据来实时调整投放策略。但无论如何，这些基本的策略思想是不会变的。在实际应用中，如果我们不能按照这些基本策略思想执行，那就尽最大努力朝理想的方向优化。

苹果 App store 的 App 关键词优化

我把苹果 App store 的 App 关键词优化拿出来单独说，主要是基于以下几个原因：首先，它是免费的，无论你有没有预算，都可以做，所以这是各种基础增长手段的必选动作之一；其次，苹果手机用户的平均消费能力相对安卓手机要高；最后，苹果 App store 暂时没有做官方付费广告，虽然其他 App 积分墙关键词优化会影响搜索结果，但苹果 App 关键词优化产生的效果还是很好的。那么，具体应该如何优化 App 关键词呢？和其他用户增长手段一样，还是要尽可能做到数据驱动。下面，我用之前在美国亚马逊总部时给亚马逊购物 App 在苹果美国 App store 做的关键词优化进行说明。

2014 年，亚马逊购物 App 的 iOS（苹果移动操作系统）流量 57% 来自关键词搜索和排行榜浏览等用户自发行为。为了获得 iOS 的搜索流量，苹果允许开发者修改开发者名称、App 名称和 100 个字符的关键词域。关于用户在 App store 搜索了哪些关键词或点击了哪些 App，苹果并不会提供任何信息。当时，我们购买了第三方服务商 Sensor Tower（后续简称 ST）的服务，比起积分墙，这个服务是很便宜的。如果想用免费的，大家可以通过查询特定关键词的百度指数来估算一下某个词的热度。另外还有一些提供免费的关键词优化信息的公司，大家也可以搜索一下。

ST 会从 App store 上获取相关数据，提供特定关键词的搜索量以及用户搜索该关键词后亚马逊 App 出现在前 10 名的难度。当时 App store 的榜单结构是搜索特定关键词后排在前 10 名的 App 出现在第一屏，一般对于排在第二屏及之后的 App，用户的点击欲望会下降很多。所以，我们当时优化的目的是让亚马逊购物 App 能够在用户搜索高热度词汇的时候，尽可能多地出现在前 10 名里面，从而让其通过应用商店内的搜索获取尽可能多的流量。

在我优化之前，亚马逊购物 App 的名称是 "Amazon App"，关键词域的信息是 "amazon, amazon. com, mobile, shopping, barcode, check, prices, books, music, DVD, Kindle, amazon. in"；优化后，我把其名称改为 "Amazon App-shop, browse, scan, compare, and read reviews"，关键词域的信息修改为 "barcode, check, books, dvd, kindle, prices, shopping, upc, electronics, clothes, buying, prime, qr, gift, catalog"。

原来的亚马逊购物 App 名称和关键词域主要有三方面问题：（1）App 名称没有包含一些高流量词汇，在搜索排名中，App 名称中所包含词汇的权重远高于关键词域里的词汇；（2）原来关键词域里 100 个字符的空间被空格浪费了很多，而且还用了一些 App 名称或者开发者名称里已经有的词汇，这些重复词汇并不会增加搜索排名权重;(3)"music"这种词汇也被放在关键词域中,虽然亚马逊这样做是希望用户搜索"music"时能发现自己,但这样的词汇并不会带来流量,因为即使在关键词域增加了这些词汇,亚马逊购物 App 的排名也在 400 名开外了。

我前面提到优化的目的是尽可能让关键词域里的每个相关词汇都能带来搜索量排名前 10 的结果,并且这些词汇的搜索量也要足够大。因此,如果是一个用户不怎么搜索的冷门词汇,即使能让我们排名第一,也不会带来太多流量。基于这些,我主要针对亚马逊购物 App 的关键词做了以下四方面的优化。

(1)移除了关键词域中不必要的空格以及与亚马逊购物 App 名称及开发者名称重复的词汇。

(2)利用 ST 提供的工具,如图 2-2 所示,从 Wish(一家移动电商购物平台)、沃尔玛、易贝、Wanelo Shopping(一家购物网站)等购物 App 中借鉴了一些与购物相关的热搜关键词。

(3)研究这些关键词域词汇的难度分数、流量分数和搜索该词汇排名前 10 的概率。其中,难度分数是 ST 提供的一个从 1 到 10 分的分数,代表了用户搜索特定关键词时找到亚马逊购物 App 的难度,其分数越高用户越难找到该 App,所以要找到难度分数低的词汇。流量分数也是 ST 提供的一个从 1 到 10 分的分数,代表了特定词汇的搜索热度,其分数越高说明搜索该词汇的用户越多，所以要找到流量分数高的词汇。

（4）基于这些参数，计算相关词汇的曝光分数。这个指标是我创造的用来衡量关键词域和 App 标题的词汇在搜索中带来的曝光强度的。同时，考虑这些词汇和亚马逊业务的相关性，我会综合决定具体应该放哪些词汇在亚马逊购物 App 标题和关键词域中。

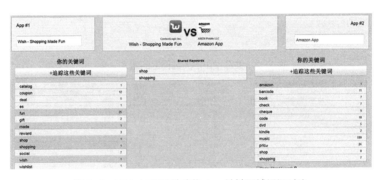

图 2-2　Wish 与亚马逊购物 App 关键词域词汇对比

从 ST 提供的工具中，我们能得到现有词汇搜索量的实际排名或新词汇搜索量排前 10 的可能性、难度分数、流量分数等。但为了更好地综合量化评估这些因素的影响，我创造了曝光分数。表 2-1 展示了当时亚马逊购物 App 在 App 名称和关键词域所用词汇的曝光分数，表 2-2 展示了我在研究分析后推荐用的词汇的曝光分数，表 2-3 则详细说明了如何计算特定词汇的曝光分数。

表 2-1　亚马逊购物 App 当时关键词汇的曝光分数

关键词	iPhone App 排名	iPhone App 排名分数	iPad App 排名	iPad App 排名分数	流量指数	iPhone App 发现难度指数	iPad App 发现难度指数	曝光分数
amazon*	1	20	1	20	6	3.5	4.3	2 196
app*	6	15	5	16	5.5	4.3	6.3	1 194
mobile**	20	1	13	8	6.7	5.5	4.5	487
com	29	0	24	0	6.1	6	6.1	—
shopping	7	14	6	15	5.7	4.7	4.6	885
barcode	11	10	5	16	5.3	5.4	5	668
check	7	14	5	16	5.2	5	4.2	847
prices	4	17	1	20	4.2	4.3	4.7	852
books	7	14	8	13	5.6	4.6	5.6	744
music	599	0	403	0	6.4	6.1	6.1	—
dvd	5	16	4	17	4.6	3.1	2.9	1 063
kindle	2	19	2	19	6.3	3.6	3.6	1 532
in	30	0	26	0	5.6	5.8	5.8	—
总分数								10 467

* 这些关键词在 App 名称中。

** 这些关键词在公司名称中。

表 2-2　推荐使用的关键词汇的曝光分数

关键词	iPhone 商店搜索新关键词排到前 10 名的概率指数	iPhone App 排名分数	iPad 商店搜索新关键词排到前 10 名的概率指数	iPad App 排名分数	流量指数	iPhone App 发现难度指数	iPad App 发现难度指数	曝光分数
amazon*	1	20	1	20	6	3.5	4.3	2 196
app*	6	15	5	16	5.5	4.3	6.3	1 194
mobile**	20	1	13	8	6.7	5.5	4.5	487
shop*	8	13	8		5.2	4.5	4.5	558
browse*	60%	12	65%	13	4.3	3.6	3.6	1 032
scan*	10%	2	15%	3	5.2	4.4	4.9	207
compare*	40%	8	35%	7	5	3.4	4	711
and*	15%	3	40%	8	5.9	5.9	5.9	399
read*	20%	4	5%	1	4.9	6.2	5.2	147
reviews*	25%	5	15%	3	4.6	4.7	4.6	295
barcode	11	10	5	16	5.3	5.4	5	668
check	7	14	5	16	5.2	5	4.2	847
prices	4	17	1	20	4.2	4.3	4.7	852
books	7	14	8	13	5.6	4.6	5.6	744
dvd	5	16	4	17	4.6	3.1	2.9	1 063
kindle	2	19	2	19	6.3	3.6	3.6	1 532
clothes	80%	16	60%	12	5.3	3.6	6	797
electronics	75%	15	45%	9	5.1	1.9	1.9	991
upc	75%	15	85%	17	5.6	2.6	2.5	1 336
prime	30%	6	55%	11	5.1	3.2	3.4	578
qr	55%	11	55%	11	4.3	5	2.7	582
shopping	7	14	6	15	5.7	4.7	4.6	885
buying	50%	10	65%	13	4.2	3.9	4.6	551
gift	25%	5	60%	12	5	5.1	5.2	411
catalog	20%	4	35%	7	5	4.6	2.4	374
总分数								15 558
曝光分数提升比例								49%

* 这些关键词在 App 名称中。

** 这些关键词在公司名称中。

表 2-3 曝光分数计算说明

参数	如何计算	补充说明
iPhone/iPad App 某关键词的商店实际排名或排到前 10 名的概率指数	直接从 Sensor Tower 获取	对于当前的关键词，我们可以从苹果应用商店看到搜索这个关键词的实际排名。对于想要添加的新关键词，我们只能通过第三方工具获取一个统计数据，得到搜索该关键词我们的 App 在搜索结果中能进入前 10 名的概率
iPhone/iPad 排名分数	从我们 App 的实际排名或进入搜索结果前 10 名的概率计算出该分数。计算公式如下：对于有搜索实际的排名的当前关键词，排名分数 =21－ 实际排名；对于新关键词，排名分数 =20+ 进入前 10 名的概率	我们认为只有进入搜索结果前 20 名才有效。超过 20 名，让用户搜索该关键词后找到我们的 App 是非常困难的
流量指数	直接从 Sensor Tower 获取	分数越高的关键词带来的流量越多
iPhone App 发现难度指数	直接从 Sensor Tower 获取	该指数越低表示用户在 iPhone 内应用商店搜索该关键词越容易发现我们的 App，指数范围为 1-10
iPad App 发现难度指数	直接从 Sensor Tower 获取	该指数越低表示用户在 iPad 内应用商店搜索该关键词越容易发现我们的 App，指数范围为 1-10
曝光分数	从排名分数、流量指数、发现难度指数计算而来，计算公式如下：对于放在关键词域的关键词：iPhone 排名分数 • 流量指数 •(10-iPhone App 发现难度指数)+iPad 排名分数 • 流量指数 •(10-iPad App 发现难度指数)；对于放在 App 名称或公司名称中的关键词：1.5•(iPhone 排名分数 • 流量指数 •(10-iPhone App 发现难度指数)+iPad 排名分数 • 流量指数 •(10-iPad App 发现难度指数))	曝光分数只是一个相对数字，其绝对值并没有实际含义，我们通过对比不同关键词的曝光分数来估算它们带来流量的潜力。尽管这个曝光分数是一个量化参考指标，但在实际应用中，我们也需要考虑该关键词与我们 App 的相关性。有些关键词也许有很高的曝光分数，但和我们的 App 及我们公司所提供的服务相关度并不高，这种情况下我们也不应该选取该关键词。根据 Sensor Tower 的统计数据和经验，在 App 名称和公司名称中的关键词比这个关键词域中的关键词有更高的权重，一般前者比后者能多带来 50% 的流量

从上面的结果可以看出，经过优化，曝光分数提升了 49%。这一轮优化明显增加了用户搜索各种购物相关词汇时看到亚马逊 App 的概率。

在这个案例中，我给出了很多分析、计算过程的细节。无论苹果的算法如何调整，其优化的根本逻辑都是可以借鉴的。但这并不是要大家都按照我优化亚马逊购物 App 关键词的方法来优化自己的 App 在苹果 App store 的关键词域。因为随着苹果 App store 算法的调整，搜索具体排名的规则可能会变化，而且大家也不一定都用 ST 提供的工具，可能会用其他第三方提供的工具。重要的是，我希望大家能从这个案例中看到做用户增长一个非常重要的指导思想：数据驱动的迭代。尽管无法准确衡量相关优化具体能带来多少增量的 App 下载，但是整个优化过程我都尽可能通过分析相关数据来找到优化的方向，而不是凭感觉或纯粹的经验来优化！

在这一章的最后，我想再强调的是：渠道投放对于短期获得大量新用户非常重要，但渠道投放的核心是数据驱动的投放策略，无论当前有多少困难让我们无法按照理想的最优策略来执行投放，对优化的方向和全景图一定要心知肚明。尤其是有大量预算的公司，一定要在一开始就把渠道投放的策略全景图做出来，投入资源并逐步往最优策略迭代。

如果我们每天在渠道上消耗大量预算，却不知道策略优化的方向和当前的状态，那会浪费很多金钱。而且最可怕的是这种浪费是看不出来的，因为你根本不知道自己在浪费！

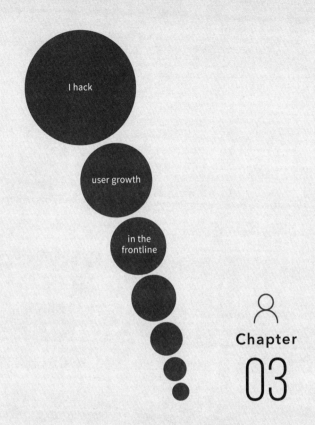

I hack

user growth

in the frontline

Chapter

03

用户增长
基本方法论

$\textstyle\bigcirc$

这一章非常重要，希望大家在阅读过程中慢一点，多花一点时间思考方法论背后的逻辑。本章将会介绍一些我在之前工作实践中总结出来的方法论，其中很多都经过了多次迭代。至于大家耳熟能详的 AARRR，营销上的 3C、4P、STP 等理论[①]，本书都不多加介绍了。不介绍这些内容并不代表它们不重要，而是我不想在本书中进行无意义的复制。如果大家对上面提到的这些理论还不了解，可以先去学习一下，这些基本理论都是用户增长从业人员需要了解的。我下面将要介绍的这些方法论，基本在网上都无法搜到，大部分都源于我自己的工作实践与原创思考总结。

---

① 3C、4P、STP 是营销学的重要理论。其中，3C 指公司自身（corporation）、公司顾客（customer）、竞争对手（competition），4P 指产品（product）、价格（price）、渠道（place）、促销（promotion），STP 指市场细分（segmenting）、目标市场（targeting）、市场定位（positioning）。——编者注

HVA 模型

什么是 HVA

HVA 是 high value action 的首字母缩写，即高价值行为。这是我 2014 年在美国亚马逊总部工作时，接触的最重要思想之一。当时，我们只是提出了这一概念，后续在这个基础上，我独立发展出了自己的用户增长方法论的最核心思想。我的很多其他方法论，都是围绕这个基本思想衍生出来的。

大家都知道这样一个用户增长基本常识：任何产品肯定都希望提升自己用户的 LTV。那如何才能提升用户的 LTV 呢？方法之一就是引导用户产生 HVA。其实，用户 LTV 的提升和个人的成长有很多类似之处，一般在经历过一些关键事件或者重大项目之后，人的认知、经验、能力都会有所提升，用户 LTV 也是这样的。如果用户在我们的产品上产生了一些关键行为，那他的整个 LTV 曲线就会发生跃迁。

在开始使用某个产品后，用户会随着时间的推移不断贡献价值，如图 3-1 中价值曲线 1 所示，整个曲线下方的面积就是用户的 LTV。如果在时间 T_0 上用户产生了一个 HVA，那么他后续的价值贡献轨迹就会发生跃迁，从价值曲线 1 跃迁到价值曲线 2，跃迁到一个用户价值贡献更高的轨迹上。这样一来，后续曲线下面的面积也就更大，即 LTV 随着价值曲线的跃迁而变大。

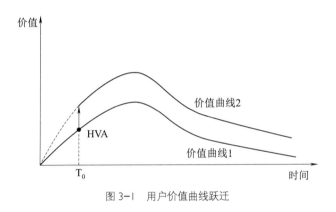

图 3-1　用户价值曲线跃迁

为了让大家更形象地理解这个过程，我用一个具体的例子来解释一下。以大家熟悉的电商平台为例，假设这个电商平台的名字叫"货最美"，有个叫小美的用户经常在货最美上买衣服，她对平台的价值贡献符合图 3-1 中的价值曲线 1。货最美上除了衣服，还有很多 3C 产品，但是小美从来都没有在上面购买过 3C 产品。货最美的用户增长人员经过数据分析，发现一旦用户在平台上产生过 3C 产品的购买行为，后续一般都会复购。也就是说，如果小美能够产生一次 3C 品类的购买行为，那她后续除了在货最美上购买衣服外，大概率还会买很多 3C 产品。这样一来，小美对平台的价值贡献就会从价值曲线 1 跃迁到价值曲线 2，而触发小美价值曲线跃迁的就是产生 3C 产品首次购买这个行为。所以，让小美第一次购买 3C 产品就是一个典型的 HVA。也就是说，如果我们能引导小美去购买 3C 产品，就能提升小美对于货最美的 LTV。

那么，问题又来了，要如何引导小美去购买 3C 产品呢？一个常见且比较有效的方式就是给小美发一张货最美 3C 品类的折扣券。当然，这张折扣券可以加各种限制条件，例如最高抵扣金额、使用期限、限制具体的产品类别等，以引导小美按照我们期望的方式购物。

另外，常见的 HVA 还包括用户注册、用户首单、用户关注其他用户或内容等。通过我们的经验、直觉或所谓的手感等，是能够找到很多 HVA 的。其实，找到用户的 HVA 并不难，真正有难度的是如何量化评估每个 HVA 的价值。

如何衡量 HVA 的价值

我们之所以有底气不惜通过补贴来引导用户产生 HVA，就是因为每个 HVA 都会产生一个 Delta LTV，即增量 LTV。我在前面提到，在做用户增长的过程中，数据驱动是一个底层思维，如果我们不能分析出每个 HVA 产生的增量 LTV 是多少，那在引导用户产生 HVA 的过程中，就不能决定针对不同的 HVA，应该补贴多少钱去激励用户。

有读者也许会说，我们也可以不补贴用户，直接通过发 Push 消息、短信或者 DSP 广告的方式引导这些特定用户去产生特定的 HVA 啊！这个说法是没错的，但在引导用户产生 HVA 的过程中，我们一般都是多管齐下，让用户尽可能产生我们期望的 HVA。需要注意的是，除了发 Push 消息不要钱以外，发短信和 DSP 广告等都是需要钱的，而且按照转化率来算，成本一般都很高。所以，我们最终需要决策的是：把针对用户打广告、发短信以及发折扣券等的费用加起来考虑，对于每个产生了我们期望的 HVA 的用户，我们平均愿意花多少钱？下面，我就介绍一下如何通过数据建模来分析用户产生的 HVA 的价值。

一般来说，针对某个 HVA，总是会有部分用户在某个时间点已经产生了这个 HVA，我们就可以用已经产生了这个 HVA 的用户的数据去训练一个模型。通过大量的数据训练，我们就能得到一个价值预测模型。这个价值预测模型可以预测出用户如果产生特定的 HVA，他们对平台的价值贡献会变成多少。

把在过去同一时间段内没有产生这个 HVA 的用户的数据代入这个模型，用模型来预测，我们就会得到一组价值预测值。

把根据这一组没有产生 HVA 的用户的数据预测出来的平均用户
价值和他们实际的平均用户价值比较，就得到一个差值。这个
差值就是这个时间段内用户产生 HVA 带来的价值差异。整个模
型的逻辑如图 3-2 所示。

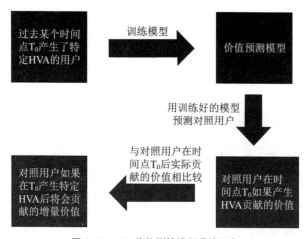

图 3-2　HVA 价值测算模型逻辑示意

　　做这个模型是一个非常复杂的工程，一般需要公司的资深
数据科学家来主导，需要从专业角度考虑非常多的因素，例如
怎样筛选用户、如何训练模型、预测时间段取多长、是否需要
其他限定条件等。

　　上述预测模型只预测了在特定时间点产生 HVA 后的一段时

间用户贡献的价值。但就像我们把用户 7 日贡献的价值用来预测
ELTV 一样，根据这一段时间用户产生 HVA 贡献的增量价值，
同样可以预测出用户产生特定的 HVA 后所贡献的增量 ELTV。
用这个增量 ELTV，我们可以算出引导用户产生每个 HVA 的成
本定多少比较合适，进而指导预算的制定。

通过引导 HVA 来提升 LTV

在把用户拉进一个产品生态以后，用户增长团队的主要工
作就是提升用户的 LTV。如果该团队面对的业务是交易类的，
那就要想办法让用户多下订单，从而产生更多的 GMV（成交总
额）；如果面对的是广告变现类的业务，那就要增加用户的在线
时长和 PV（访问量）。

总的来说，要提升用户的 LTV，其核心就是引导用户产生
一系列 HVA，因为每一个 HVA 都会产生增量 LTV。但是，我
们可能会发现，对于某个产品，用户的 HVA 有很多。那么，我
们到底应该优先引导用户产生哪一个 HVA 呢？下面，我就和大
家分析一下这个问题。

有了合适的 HVA 模型，我们就能够更科学地专注于能产生
更高增量 LTV 的 HVA，也就是专注于价值更高的这些 HVA。

这个过程一般是这样的：根据我们的经验和直觉，找出一些可能的 HVA；然后把这些 HVA 的相关数据代入模型中，预估每个 HVA 能够产生的增量 LTV 是多少；对不同 HVA 产生的增量 LTV 进行降序排列，得到一个 HVA 和其产生的增量 LTV（HVA 的价值）相对应的列表。

表 3-1　HVA 价值列表示例

HVA 名称	HVA 价值（元）
首单	50
分享商品	5
……	……

　　根据这些 HVA 价值的大小，我们能够从两方面更好地规划我们的工作：第一，优先引导价值更高的 HVA；第二，有针对性地对用户产生 HVA 付出的成本进行补贴。知道了每个 HVA 的价值，我们在补贴用户的时候就有了参考依据。当然，在不补贴用户的情况下就能让用户产生 HVA 是最好的，但这种情况下产生 HVA 的用户数量比较少。让大量用户产生我们期望的 HVA，补贴是最好的方式之一。在考虑优先引导用户产生哪个 HVA 时，我们还要衡量一下，引导用户产生这些 HVA 的相关

功能（用户增长项目）的实现难度。有些 HVA 虽然带来的增量 LTV 比较大，但是实现难度也比较高；而有些 HVA 虽然带来的增量 LTV 比较小，但相对容易实现。也就是说，在决定优先引导用户产生哪个 HVA 时，需要在 HVA 价值、补贴成本、实现难易度之间做一个平衡。

对用户 HVA 的引导，其实质就是对用户生命周期的管理。既然是对用户整个生命周期进行管理，那从新用户进入的第一天开始，就要对他们进行正向引导，直到他们离开我们的产品。例如在用户激活以后，我们是否有合适的新手护航策略来引导他们一步步沿着 HVA 链条往下走。新手护航看似是一个非常基础的增长功能，但我发现很多产品其实都没有做，归根结底还是缺乏对用户生命周期进行积极管理的意识。

总的来说，中国式用户增长的核心之一就是要对用户生命周期进行积极管理。引导用户产生 HVA 的日的是提升 LTV，这是战术动作。在战略上提升 LTV，就是要对用户生命周期进行全方位的积极管理。

提升 LTV 总量

LTV 总量就是 ALTV（Aggregation LTV），对于任何产品，

都要不断提升其 ALTV。如果用一个公式来衡量一个用户增长团队的主要工作的话，那就是 Max（ALTV）。要提升 ALTV，有两个途径：一是吸引更多的用户，二是提升每个用户的 LTV。而大家关注得比较多的是如何拉新。通常来说，只要 ROI 合适，用户的 CAC 小于 ELTV，我们就可以通过渠道投放或激励用户去邀请用户等手段来大量获取新用户。尤其是处于早期的产品，用户量基数比较小，更应该大力获取新用户，而且在获取新用户的时候，预算策略可以适度激进一点。

这类产品一般隶属于小团队或小公司，其资金量相对较小，为什么在预算上反而可以更激进一点呢？因为我们要用发展的眼光来看用户的 LTV，尽管这类产品前期预估的 ELTV 一般都是比较低的。这主要有三方面的原因。

第一，在一个产品的早期，各项主要功能都处于基础水平，还在不断优化迭代当中，这个时候提供给用户的产品体验还是比较初级的。随着产品的迭代升级，用户的感受会越来越好，产品对用户的黏性也会不断提升。

第二，在一个产品的初期阶段，出于对用户体验的考虑，关于商业变现的探索往往是趋于保守的。随着产品的成熟、用户规模的扩大，以及商业化探索的增强，用户贡献的价值会不断提升。

第三，有很多互联网产品都是有网络效应的，一个典型的代表就是电商平台。随着卖家和买家的增多，平台上的交易量会呈几何倍数的增长，而不是线性增长。

所以在产品的早期阶段，我们要对用户生态的后续发展趋势及变现潜力有一个大致的预判，要用发展的眼光来评估当下的用户获取策略。因为很多互联网产品的边际成本非常低，所以扩张起来非常快。在这种情况下，速度非常重要。尤其是一些用户迁移成本比较高的产品，更要尽快把用户圈进来，让用户在使用产品的过程中不断增加迁移成本，从而让产品的竞争壁垒越来越高。如果一个领域的先发优势非常明显，那我们就更应该认真评估这一领域的早期用户获取策略。在产品的早期阶段，我们一定要保持合理的激进，否则如果用一个偏低的 ELTV 来限制用户获取策略，会遗憾地错过一些本可以高速发展的机会窗口。

但是在大规模拉新之前，还有一点需要特别注意，那就是只有产品的基础体验达到一定门槛，才能让核心用户有相对较好的体验。用户有了比较好的体验，才能留存下来。但这并不是说要等我们把产品体验打磨到极致了才去拉新，而是说需要让用户能够比较流畅地体验完产品的核心功能，并且愿意再次使用。这样用户才有可能留存下来，并持续贡献价值。当然，无论产品体验被打磨到何种程度，总是会有用户因为不喜欢我们的产品而离开，这是正常的。所以在早期，产品的基础体验是最重要的，是数字前面的那个"1"。而用户增长则是数字后面的一串零，如果没有前面的"1"，零再多也没有用。产品与用户增长的关系，我在下一章会详细介绍。

有了一定的用户基础后，要想最大化 ALTV，就不能只专注于拉新了，还要同时专注于提升每个用户的 LTV，也就是需要设计一些有针对性的增长项目，引导用户产生 HVA。

总结一下，要提升 ALTV，一般先要有一个能满足用户基础体验的产品，在体验达到一定门槛后，在后面持续优化体验的同时，可以尝试用各种方式拉新。只要用户的获取成本不高于 ELTV，在预算允许的前提下应该大量拉新。在用户量积累到一定程度后，在持续拉新的同时要有增长项目提升用户的 LTV。当产品有了一定的用户量，用户的 LTV 也在不断提升，处在上升期的时候，用户增长团队就要开始对新增长曲线的探索。

用慢思考来设计引导用户产生 HVA 的快思考产品逻辑

做各种用户增长的相关功能，其核心是引导用户产生我们期望的决策，从而产生我们期望的行动。所以，我们需要对大脑的决策机制做深入了解，利用一些经典的决策理论来指导我们设计相应的增长逻辑，最大限度地提升用户产生我们期望的决策或产生 HVA 的转化率。

丹尼尔·卡尼曼在《思考，快与慢》[①]一书中提出了广为人知的双系统理论，介绍了系统 1 和系统 2 的概念。系统 1 是快思考，它的运作是快速、无意识的，就像条件反射，用系统 1 解决问题，我们会感到很爽、毫不费力；系统 2 是慢思考，需要我们耗费大量脑力去专注思考，我们的大脑通常不倾向于用系统 2 来解决问题，愿意用更简单快速的系统 1 来解决问题。当然，根据基思·斯坦诺维奇在《超越智商》中的说法，我们的大脑并不存在两个不同的生理区域来分别负责系统 1 和系统 2，它们仅仅是我们大脑的两种不同加工机制而已，把它们叫作进程 1 和进程 2 可能更适合。但它们具体叫什么并不重要，从记忆习惯的角度，我还是把大脑的这两个信息处理过程叫系统 1（快思考）和系统 2（慢思考）。

前文提到，我们做用户增长的一个核心理念是引导用户产生 HVA，用户在产生 HVA 的过程中，需要做一些决策，决定是否要一步步按照引导产生我们期望的 HVA。一个好的用户增长项目经理，一定是对心理学和思维决策过程有研究的。大家

---

① 本书中文版由中信出版集团出版。——编者注

都知道要理性决策，我们必须要抗拒生活中使用系统 1 决策的惯性。但是在设计用户增长相关页面及功能时，我们恰恰希望调动用户的系统 1，让他们快思考、迅速决策、跳转到下一步，这样才能提高转化率。

从进化的角度看，为了生存繁衍，我们一般都会尽可能让自己处于低功耗状态，同时囤积脂肪，即囤积能量源，这是植根于基因的本能。虽然现在人类的生存环境和以前已经有天壤之别，但进化的速度仍远远落后于社会的发展。由于系统 1 消耗的能量较少，系统 2 消耗的能量比较多，所以我们的本能倾向是使用系统 1 来决策。很多时候，我们的大脑通过启发性的思考，直接调用系统 1，以减轻我们的认知负担，降低能量消耗。启发性思考的本质就是想办法让遇到的新问题符合大脑中存储的一些加工规则，一旦这些新问题找到匹配的加工规则，我们就能够快速利用现有加工规则来处理已知数据并得出结论。如果找不到匹配的加工规则，我们就要调动系统 2 来思考。虽然很多复杂问题都需要调动系统 2 来思考，但是原始本能会诱使我们调动系统 1 来思考并决策。我们究竟是调动系统 1 还是调动系统 2，是受信息呈现方式影响的。如果我们遵循一些基本原则，按照一定的框架来呈现信息，就会让用户非常流畅地调动系统 1 进行快思考，产生我们期望的决策。

斯坦诺维奇曾提过一个案例，以帮助大家理解信息呈现框架的影响。政府公布了购房贷款利息的减税政策，从购房者的角度来说，这肯定是一件好事，因为它减轻了购房者的负担。但是如果从租房者的角度出发，大家的观点就有可能会发生变化。因为租房者不能享受这种减税优惠，所以这一政策相当于"对租房者的罚金"。任何减税政策，如果是针对特定群体的，那对于这个特定群体之外的人，实际上是变相的惩罚。因此，从租房者的角度呈现这个减税信息，大家对这个政策的评判倾向就会改变。"房屋抵押贷款应该享受税收优惠吗？"这种呈现框架，明显是让大家认可这个政策。而"应该让租房者缴纳更多的赋税吗？"这种呈现框架，明显是让大家不认可这个政策。

通过上面这个例子，大家可以看到，信息呈现框架的影响是非常巨大的，以至于大家对本质相同但表面看起来不同的问题给出不同的答案。

那么，如何才能设计出相关的页面和功能，让用户运用快思考流畅地按照我们设想的步骤一步步产生 HVA 呢？这就需要我们调动慢思考，仔细琢磨具体的页面和功能逻辑应该如何设计，凡事多问自己几个为什么，让所有信息以一个合适的框架呈现出来。在这个框架下，用户非常容易调用启发式的思维加工过程，也就是调动快思考，产生我们想要的决策。所以，快思考引导逻辑的设计其实就是信息呈现框架的设计，当信息以一种便于让用户调动快思考来处理的方式呈现时，大部分用户很容易就会进入快思考滑道，快速轻松地到达我们想让他们去的地方。

虽然这说起来比较复杂，但在设计快思考引导框架时，还是有一些原则可以遵循的。

引导用户产生强烈情感

强烈情感在决策过程中的影响是巨大的。斯坦诺维奇在《超越智商》中列举了一个调查研究来说明这一结论，我对这个例子印象深刻。在这项研究中，被试者需要回答下面两个问题：

1. 拯救 200 000 只沉溺于油潭中的鸟，你愿意捐出多少钱？

2. 拯救 2 000 只沉溺于油潭中的鸟，你愿意捐出多少钱？

人们在第一种情况下愿意付出的金钱仅比第二种情况多一点，愿意付出的均值是 80 美元。研究人员推测，是成千上万只鸟集体沉溺油潭的画面感影响了大家对鸟的数量的关注。强烈的情感反应会影响人们处理量化信息的能力！

根据我的经验，其实不光是处理量化信息，强烈的情感会影响人们处理任何信息的能力。通过勒庞的《乌合之众》，我们知道群体对感性的东西比较敏感，对理性的东西却不太感冒，我觉得其根本原因还是强烈的情感容易在群体中传播。我们在独自听歌的时候，很少会听得流泪，但是如果去演唱会现场，就会产生比较强烈的情感，甚至会听得泪流满面。虽然独自在家听音乐，无论是通过音响还是通过耳机，其效果都比演唱会现场好很多，但无法产生群体氛围的代入感。所以我认为，群体对感性的东西反应比较强烈的根本原因在于群体就像强烈情感的发电机，而强烈的情感会遮蔽系统 2。因此，我们如果在设计 HVA 引导逻辑的过程中，能通过引起群体共鸣的方式或其他方式，让用户产生强烈的情感，就比较容易让用户转化。

举一个具体的例子。假设我们需要引导用户产生的 HVA 是关注某个内容频道，我们告诉用户他们关注以后，我们就会捐款 5 元给慈善机构修建希望小学。通常来说，用户对这件事情的感受不会太强烈，很可能不会产生我们想要的结果。而在引导逻辑的设计中，如果我们能通过图片或其他方式告诉用户，我们的目标是让 2 000 个小学生（配图说明数量）从破旧拥挤的小教室（配图）搬到宽敞明亮的大教室，现在需要用户贡献一份力量，在每个用户首次关注后我们会立刻捐款 5 元，每个人都能让我们离目标更进一步，这时用户的转化效果就会好很多。当然，这只是一般性的推论，具体的转化效果还和产品类型及用户群体有一定的关联。

总体来说，如果我们在设计 HVA 引导逻辑时，能让用户群
体有共鸣或代入感，从而产生强烈的情感，用户就会倾向于调
动系统 1，产生我们期望的行动。

默认选项引导

基于大脑最小能耗的原则，我们非常容易受环境中给定默
认信息的影响。斯坦诺维奇曾提到一项关于器官捐献率的跨国
研究。这项研究结果显示：瑞典有 85.9% 的人同意在过世后捐
献器官，但在英国只有 17.2% 的人同意。在美国，器官捐献率
也只有 28%，虽然比英国的这一比例高，但还是比瑞典差很多。
研究发现，这种捐献率差异源自不同国家对器官捐献的政策差
异。在瑞典、比利时、法国、波兰、匈牙利等高器官捐献率
国家，对器官捐献的默认选项是"同意"。所以在这些国家，人
们在面对这一问题时，默认选项是同意捐献自己的器官。如果
不想捐献，他们需要采取一些额外的行动来退出器官捐献。但
是在美国、英国、德国、丹麦、荷兰等低器官捐献率国家，这
一问题的默认选项是"不同意"。人们如果想在身故后捐献器
官，必须要额外做出明确的说明。

在各种互联网产品中，我们也经常看到很多默认选项的引

导。例如在引导用户充值会员时，默认选项大多停留在高等级
会员那里，一般不会设定在低等级会员那里。甚至在高等级或
高消费选项上，还会额外贴心地放上"最划算"的提醒字样，
以引导用户选择相关选项。在退出一些产品的会员、退押金或
离开购买商品的结算流程时，页面都会反复提醒用户再考虑一
下。在额外弹出的提醒界面，一般默认的高亮提示选项都是让
用户不要退费或继续完成当前交易流程。

当然，并不是每个人都会接受默认选项的引导，而且随着
越来越多的产品都加入类似的默认引导，用户已经慢慢对这类
引导免疫了。不过，从统计数据上来看，加入一些简单的默认
引导，用户的付费转化率会提升一点，退费转化率会降低一些。

先寸后尺

这一策略源于一个大家耳熟能详的销售技巧，就是在劝用户
购买自家的产品之前，先让用户回答一些封闭性的小问题，而这
些小问题的答案一般都是肯定的。这样，当你提出需要客户做出
购买决策的大问题时，他们就倾向于给出肯定的回答。我举一个
具体的案例。假设你在一线城市买了几套房，有一个 4 岁左右的
孩子，周末你和太太带小孩去购物中心玩，路上遇到发二手房售

卖传单的地产经纪人，你顺手接了一张传单，在商场里面边走边
看。这时，一个推销学前教育课程的销售员走到你旁边。

推销员：先生，看您正在研究房产。现在是一个非常好的投资时
　　　　间点，您的眼光一定很准，房产投资经验也非常丰富。

你：还好，就随便看一下。你有什么事儿吗？（这时，你心里
　　对于推销员说你投资经验丰富，其实是非常得意的。）

推销员：过去15年，在中国，房地产是最好的投资项目，您觉
　　　　得呢？（你在心里回答了"是"，不过没说出来。）但未
　　　　来15年，投资什么领域才是最好的呢？是否还是房产
　　　　呢？其实还是有一些不确定性的。您肯定希望在未来能
　　　　找到一个比较好的投资领域，最好能稳赚不赔，是吗？

你：是啊，谁不是呢？你是推销P2P（点对点网络贷款）或空气
　　币的吗？

推销员：您误会了，我肯定不会推荐这些不靠谱的东西。我只
　　　　是感觉您是一个特别注重未来长远收益的人，而且对
　　　　于投资比较有经验，是吗？

你：是的，不好意思，我赶时间……

推销员：实在不好意思，您再听我说最后一句话。如果您不认
　　　　可，我马上就离开，您看可以吗？

你：好，说吧。

推销员：投资任何产品都可能有风险，但是投资您的小孩肯定是不会错的，您觉得呢？

你：是的。

推销员：……（推销员这个时候开始巧舌如簧地讲述他们提供的免费体验课）

通过上面我举的这个例子，我们可以看到，推销员在一开始很巧妙地用一些他猜测你会赞同的话术、一些小的肯定来拉近你们的距离。可能很多读者在购物中心都遇到过类似的推销。当然，有些没经验的销售员可能一上来就会吃闭门羹，而另外一些经验丰富的推销人员用的技巧要远比我上面举例的更高超，让你不知不觉为他们推销的商品买单。

我们设计 HVA 引导逻辑的过程其实和这个例子中销售人员推销商品的过程是有一些类似的，只不过我们是通过产品的页面呈现和交互体验来说服用户产生我们期望的行动。虽然我们不是像例子中的推销人员一样面对面地对客户进行推销，缺乏语气和肢体动作的辅助，说服力可能没有那么强，但这也是一个优势。因为随着大家对这些销售技巧越来越熟悉，面对面的销售可能会起反效果，让客户产生被操控的感觉；而我们借用这些技巧，通过产品页面和交互逻辑来说服用户，反而让用户不容易察觉，从而达到我们期望的效果。

至于如何把这种技巧用到 HVA 引导逻辑中，我举一个例子。假设你作为电商 App 货最美的新用户，还没有注册，平台希望引导你注册。你看到一些特价商品，想点开商品详情页查看，这时弹出一个页面，说只有注册用户才可以查看并享受优惠。此刻，有些用户为了看这些特价商品的信息会注册，但还有些用户心里会很不爽，不会注册，甚至会马上退出 App。其实比较好的方式是，针对未注册或未登录用户，在他们浏览的过程中，通过一些资源位或者浮窗提示他们："大家都希望平台浏览体验更好（用户在心中点头），注册能帮助我们给您提供更好的个性化服务与专属优惠。"根据具体场景和用户的渠道来源，我们可以对话术再进行优化。

在前面举例货最美的例子时，我曾提到用户小美去购买 3C 产品就是一个 HVA。为了让小美产生这个 HVA，最直接的方式就是给她 3C 品类的优惠券。但是，要想更顺利地让这个 HVA 产生，除了给小美优惠券之外，前期还可以给小美推送一系列消息，例如"网上买东西不能被骗"（灌输识别 3C 正品的方式，强调货最美上肯定是正品），"想方便又明智地消费，哪些东西在网上买最省钱"（其中肯定要介绍 3C 商品），"购买哪些在线商品不用担心售后"（介绍在线下和线上购买 3C 商品售后都一样）……这些前期内容的推送可以让小美不断在心中对货最美上的 3C 商品产生认可，也许不用发 3C 品类优惠券，小美自己就产生了 3C 商品的首次购买行为。当然，如果小美仍然不产生 3C 品类的首次购买，可以再给她发该品类的优惠券。因为有了前期的铺垫，优惠券的转化效率也会更高。

这个例子涉及内容运营与物质激励的整合，不一定对每个产品都适用，但是背后的逻辑是通用的：直奔主题不一定效率更高，先找到容易让用户形成共识的点，再引导转化，效果会更好。一般来说，引导用户做一个重大决策，难度会远高于引导用户做若干细小的决策。引导用户做若干细小的决策，虽然看起来麻烦，但是其总体的转化率是较高的，尤其是各个小决策的设计如果运用了下面要讲的损失厌恶原理，就更容易让用户产生有利于产品的决策。所以，实现用户增长的一个非常重要的逻辑就是：要打碎用户的决策链！

欲取先予——引发损失厌恶

损失厌恶其实就是人们在面对同样数量的损失和收益时，损失带来的痛苦要大于收益带来的效用。例如在给用户物质激励时采用发红包的方式，先把红包给用户，让用户能在自己的账户里看到这个红包，但是需要用户绑定银行卡、购买金额达到一定数量或加上其他限制条件才能体验到。这其实就是把一种收益场景转换为一种潜在的损失场景。在这种情况下，厌恶损失的用户更容易调用系统 1 去决策，产生我们期望的行为。这种逻辑设计大家在很多产品中都能看到，在此我就不详细介绍了。

创造认知引力场

人的大脑中住着一个认知吝啬鬼，所以在分析处理问题时，能用简单的方式（快思考）肯定不用更复杂的方式（慢思考）。正是在这样的认知机理的作用下，我们在分析问题的时候会想：我以前有没有遇到过类似的问题，当时是怎么处理的？我认识的人中有没有谁遇到过类似的问题，他们是怎么处理的？有没有关于如何处理这个问题的材料我可以参考一下？这些都是很好的问题，对于我们正确、高效地分析解决问题是非常有帮助的，但前提是我们需要调用系统 2 来检验以前自己或别人的经验是否正确，但很多人是不会去检验的。我们自己的经验、别人的经验或观点，就像太空中的一个个天体，只要存在，就会对周围的物体产生引力。我们要做的就是想办法在用户的思维空间中创造这样的天体。在存在这些天体的情况下，用户如果不调用系统2去对抗，就一定会被这些天体产生的认知引力场吸引过去。

我们经常听说的光环效应就是一种认知引力场的影响。你因为某件事认可一个人，通常会把他的优点放大，认为他在其他方面也很好。现在，我们经常看到的流量明星给产品代言、带货，其实利用的都是光环效应。我们看到自己认可的明星在电视、电影或海报上举着某个产品说好话，很自然地就会认为这个产品很好，会去买来尝试。

此外，谈判中常用的锚定与反锚定，也都是试图创造一个认知引力场。一个常见的场景就是在一些小商业街，尤其是旅游景点，你看上一个纪念品想买。

"这个多少钱啊？"

"1 000元。"

"这么贵，能便宜一点吗？"

"这是实价。你看一下这质量和做工，纯手工的……你给多少钱？"

"700元。"你小心翼翼地还价。

"700元也太便宜了，你适当加一点嘛。700元我根本赚不了钱，你多少也要让我赚一点辛苦钱，是吧！"

"我只能出700元，不卖就算了。"店主的回复让你觉得自已探到了底价，想坚持一下。

"好吧，700 元就 700 元吧。老板，你太会砍价了！我就当交你这个朋友了！如果有一起来玩的朋友帮忙推荐一下啊，我就赔钱卖口碑了。"老板脸上适时地露出无奈还略带痛苦的表情。

你以为自己买了一个性价比较高的纪念品，但实际上，整个过程你都是在店老板创造的认知引力场上和他角力。他用 1 000 元这个价格先创造了一个天体放在你的认知空间，此后你的思维都会受这个天体的影响。我在杜克大学富卡商学院读 MBA（工商管理硕士）时选了谈判课。我记得当时授课教授说这是典型的锚定效应，是谈判中使用非常高频的一个技巧。如果遇到这种情况，我们应该很快进行反锚定。具体到上面这个讨价还价的案例应该是这样的。

"这个多少钱啊？"

"1 000 元。"

"这么贵啊！我在其他地方看类似的产品也就几十元，50 元可以吗？"

当然，很多时候我们可能不一定能拉下脸面讲到这么低的价格。但这么低的还价其实是我们进行的一个反锚定，我们在 1 000 元这个天体附近放了一个 50 元的大天体。后续，1 000 元对我们的思维的影响会由于 50 元这个天体的存在而极大地减小。同时，在我们在店老板的思维空间放入了这个 50 元天体后，店老板在后续讨价还价的过程中也难以避免地会被 50 元天体产生的认知引力牵引。

需要注意的一点是，在上面举例的这个讨价还价过程中，我们和店老板大概率是单次博弈，而且就算不在他家买这个纪念品也没关系，我们还可以去别家买或者干脆不买。如果不是单次博弈或者我们无法从谈判桌前抽身走开的情况下，通过锚定和反锚定来创造认知引力场就需要特别注意。我举一个职场人士可能都会遇到的例子，与人力谈薪资。

有一个非常不错的候选人，在与人力谈工资的时候，直接要求薪资翻倍。根据他技能的稀缺程度和用人单位的需求紧急程度，他的要价显然是超过用人单位接受范围并远高于市场行情的。很显然，候选人了解锚定效应，想创造一个对自己有利的认知引力场。但是，这个明显不合理的诉求会让人力在情绪上产生反感，在谈判过程中不一定能取得理想的效果。原因主要有以下两点：第一，候选人和人力并不是单次博弈，在入职后会和人力有很多接触；第二，候选人可能很喜欢这个工作，并不是很愿意离开谈判桌。所以，我们在通过锚定和反锚定来营造对我们有利的认知引力场的时候，还要考虑受众的情绪反应，以及是否是多次博弈。

除了光环效应、锚定与反锚定，其他方式也能用来营造对我们有利的认知引力场，例如引用方法论、名言警句、顺口溜、行业案例等，我在此就不穷举了。创造认知引力场的核心是我们在增长逻辑下和用户通过产品交互时，最好先抛出一个观点，营造对我们有利的认知引力场，不要引起用户的反感，这样就比较容易让用户往漏斗下一层转化，产生我们想要的 HVA。

我在这一节和大家讨论的内容相对比较虚，主要侧重大脑的决策机制，但这些内容是非常必要的。这部分内容有点像内功心法，虽然没有明确说固定的招式，但是同样的招数，在不同的内功级别和心法之下，产生的威力是有天壤之别的。而且这部分内容比较难，因为通过产品呈现出来的越高明的决策影响逻辑，我们越看不出套路的痕迹。而看不出痕迹，我们又该如何通过他山之石来不断学习提升呢？那就需要学习内功心法，了解大脑的决策机理。做到这一点，我们就可以看出其他产品背后的逻辑，也可以自己设计合理的逻辑说服框架。

大脑是人体最复杂的器官，其工作、决策机制受很多内外部因素影响。人这么复杂的生命体是经过千万年的进化才出现的，大脑更是进化的巅峰之作。而科学技术发展促进生产力进步，使物质供应极大丰富，也不过就是几百年的事情，这在生命的进化史中不过是弹指一挥间。所以，我们大脑的工作机理还适应的是以前那个物质短缺的环境，而从质量耗能比方面来说大脑又是我们身体中单位质量耗能最大的器官，所以其工作机理还是遵循了如无必要不增算力的原则。我们之所以学习这些影响大脑决策的方法论，是希望自己设计的增长逻辑通过产品呈现出来能影响用户大脑对是否要增加算力的判断，让它尽可能在低耗能情况下，即按照我们引导的方式调用快思考做出决策。我在这一节列举的方法论只是这一领域的冰山一角，其中的心理学和大脑决策机理是做用户增长很容易忽略的，但这些内容又是非常必要的，希望读者重视。

分享笑脸模型

在做用户增长的各种方法中，分享裂变因为其四两拨千斤的效果，是被大家讨论得最多的。以至于说起用户增长，很多人就以为是裂变增长。但裂变其实只是用户增长中的一个小环节而已。关于如何引导用户分享，已经有很多专家及经验人士给出了非常多的介绍，大家在网上能搜到大量相关文章。通过阅读上面的内容，大家应该能感受到，我做用户增长的两个核心是拉新和提升用户 LTV，从而提升 ALTV。提升用户的 LTV，主要是通过引导用户产生 HVA 的方式，而这些 HVA 很多都是和产品的核心功能相关的。所以对于通过分享拉新获得的新用户，一味地只是引导他们再分享，对于 ALTV 的增加影响并不大。

在裂变的过程中，用户在被拉新进来以后，如果没有体验到核心产品功能，只是迅速地把产品再进一步做了分享，我把这类用户叫作"过客"。过客的 LTV 几乎为零，他们只是传播的一个中继节点而已。从传播的角度来看，这样的中继节点肯定是越多越好；但是从用户增长的角度来看，如果所有通过分享获得的新用户都是过客，那裂变分享的目的就没有达到。很多在朋友圈刷屏的 H5、小程序等，其最终的转化都特别差，也没有沉淀下用户，就是因为它们走的都是"拉新 → 分享→拉新"的循环。在这个循环中，只要内容和分享引导做得好，就能够很快集聚裂变势能，刷屏朋友圈。但这些过客会很快归于沉寂，过一段时间分享的人甚至连当初分享过的产品名称都忘了，所以我不建议投入精力和资源做这类分享。当然，如果裂变分享的目的只是品牌曝光，而不是用户增长，那也无可厚非。不过对于大部分线上产品，我不建议投入大量资源做品牌曝光。这部分内容我会在后面用户增长与品牌关系的部分展开详细说明。

我在做增长型分享裂变时，强调先引导新用户体验核心产品功能，然后再引导新用户分享，这一过程即图 3-3 所示的分享笑脸模型。

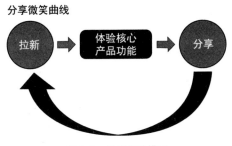

图 3-3　分享笑脸模型

　　分享笑脸模型的核心是引导用户体验核心产品功能。对于复杂的产品，其核心功能有很多，可以只引导用户体验部分核心功能，甚至针对不同的分享场景，引导在该场景下拉新来的用户体验不同的核心功能。

　　分享笑脸模型很简单，只要我们的整个分享逻辑设计包含体验核心产品功能这一环，就能够把未来有潜力成为核心用户的群体沉淀下来。其实，这个模型也是从我对用户增长的定义衍生出来的。我再重复一下：以终为始，利用一切资源让更多用户更高频地使用核心产品功能。

　　下面，我结合具体的案例解释一下这个分享笑脸模型，先说一些大家看过的很多刷屏级的H5爆款，例如百雀羚之前的H5、性格测试、命理预测、年度盘点等。这些H5从品牌曝光或者普通运营的角度来看，似乎没什么问题；但是从用户增长的角度来看，就存在很大问题，因为整个分享中缺乏引导或种草用户体验核心产品功能这个环节。由于这个环节的缺失，很多这种分享虽然在短时间收到了刷屏效果，但是却对 ALTV 没什么提升。很多公司的运营或者品牌团队，都喜欢做这类分享传播，因为其分享次数、UV（独立访客）、百度指数等数据都能作为他们的工作业绩。但是如果这些分享是用户增长团队做的，那绝对是不及格的，因为分享次数、UV、百度指数等不能转化为 ALTV 的增加。

仍以之前我们做的小黄车骑行红包项目为例。首先，在分享环节，我们一方面引导用户在获得相对大额红包后进行炫耀性分享，另一方面让用户知道分享后获得大额红包的概率会提升；其次，由于骑行红包的本身属性就是用户要骑车才能获得红包，所以自然就能引导用户体验最核心的产品功能。当时，我们还规划在骑行红包中加入新用户礼包：新用户点开别人的分享后，能获得免押金、免认证、免费骑行卡等降低首单门槛的产品。当然，正常注册的新用户也能够获得这些优惠。但可能很多用户并不知道这些优惠，因此，如果把这些"三免"骑行包装成一种权益，明确给到新用户，再加上骑行红包的分享引导，很容易就能让新用户去体验骑行。新用户在体验到共享单车带来的便利后，后续自然会持续骑行。而老用户受到朋友圈大额红包的感染，也会在需要骑行时倾向于选择小黄车。骑行

红包项目让 ofo 的 ALTV 有了大幅提升，整个小黄车骑行红包
项目的设计与规划，比较好地展示了分享笑脸模型的逻辑。

作为一个拥有十多年投资经验的股票投资者，我觉得分享
笑脸模型带来 ALTV 增长的过程，特别像股票投资中的戴维斯
双击[①]。其中，ALTV 对应的是股价，分享带来的老用户 LTV 提
升对应的是每股收益的提升，新用户在体验核心产品功能后进
行分享，从而不断带来 LTV 不为零的新用户对应的是市盈率的
提升。满足分享笑脸模型的裂变分享能够带来戴维斯双击般的
增长效果，让 ALTV 持续大幅提升。

航母战斗群增长打法

用户增长之所以难做，主要是因为两方面的原因：一是用户
增长是一个相对比较新的专业领域，大家在这个领域积累的经验
和方法论还比较少，缺少系统化的增长思路和实践经验，还没有
充分结合中国实际的行业情况和限制条件形成中国式用户增长的
方法论；二是做好用户增长，需要各类人员的配合，例如增长项
目经理、产品经理、研发人员、数据分析师、市场 /PR/ 线下团

---

① 戴维斯双击是一种选股票的策略，以低市盈率买入潜力股票，待成长潜力显现后，以
高市盈率卖出，这样可以享有每股收益和市盈率同时增长的倍乘效益。——编者注

队等，当然有可能同一个人承担着上面提到的多个角色。这其中的任何一个环节掉链子，都会导致增长项目达不到预期的效果。在很多公司，这些角色都分属于不同的职能团队，虽然大家为了特定的增长目组成了一个虚拟增长项目团队，但每个人对增长项目的投入度和投入时间窗口仍然是比较难协调的。那么，具体到增长打法上，项目人员采用什么样的规划和布局才能实现效率最大化呢？我的经验是要采用航母战斗群打法。

航母战斗群是什么意思呢？在军事上，航母战斗群就是以航空母舰为首，通过舰载机实施远程打击，联合护卫舰艇组成的战斗编队。这种战斗编队的特色是航空母舰只是作为一个移动基地提供一个机动平台，通过航空母舰上的舰载攻击战斗机对远程目标实施打击。虽然航母战斗群中的驱逐舰、导弹巡洋舰、攻击核潜艇等在给航空母舰护航的同时也能承担一些攻击任务，但航母战斗群的核心还是舰载机的快速远程打击能力。

我们做各种功能型增长项目，其实就相当于制造一艘艘的驱逐舰、导弹巡洋舰等，比建造航空母舰相对简单一些，要求的产研资源也相对较少，但是缺乏航空母舰的远程持续输出能力。而做一个能支撑策略型增长的平台，就相当于建造一艘航空母舰，上面的舰载机承担策略型增长的任务。如前文所述，增长项目要求各职能团队进行配合，其中最重要的是产品经理和研发团队。在产品经理和研发团队开发项目、进行功能型增长的探索时，增长 BI 分析师和增长项目经理可能会缺乏比较有效的抓手持续推动增长，也就是说他们缺乏实施策略型增长的平台。如果他们的任何增长举措都需要通过功能型增长产研项目来实现，其效率是很低的。因为一个功能型增长项目没有取得预期的增长效果，就得靠下一个项目，可能需要很多个功能型增长项目才能发现一个增长爆点项目，从而取得超预期的成果。如果我们总是期待由这种功能型增长项目来创造增长爆点，那在一个个功能型增长项目开发上线的周期中，增长项目经理和增长 BI 分析师的工作量其实是不饱和的，这也是团队最容易出问题的时候。而且，这对于整个团队效率最大化也是不利的。这主要是基于以下两方面原因。

第一，在做了几个功能型增长的项目以后，如果没有取得预期的增长效果，产品经理和研发工程师就会有一定的挫败感，会觉得是在浪费时间。我在前面说过，我们做增长的本质是用测试的冗余性来换取增长的确定性。但是这个理念并不是每个产品经理和研发人员都能认识到的。做了几个项目看不到预期的火爆增长效果，他们就会产生一些失落，这样更不利于后续的增长项目推进。其实，他们的这种预期本身就是不实际的。因为很多公司成立用户增长团队，往往都是在产品增长遇到瓶颈后。这时简单、明显、迅速就能带来增长的项目，早就已经被做过了，剩下的都是不明显、具有探索性的硬骨头。既然是探索性的，那谁也不能保证做一个项目就能成功，只不过经验丰富一些的团队成功的概率大些，知道迭代的方向而已。

记得当初在和某互联网公司的一位高管交流做用户增长的经验时，我就说：大家在做增长项目的时候，肯定都是先做那种确定性高的只要做就能带来增长的项目，但是这种项目很快就越做越少；要想实现持续增长，必须得通过数据驱动探索一些确定性不那么高的项目。这位高管非常赞同这个观点。他有个比喻我认为很形象，他说这就像治病时采用中西医结合的方式，疗效更好。在生病早期，先找中医，凭经验望闻问切就够了；而到了后期，尤其是遇到增长瓶颈的时候，一定要以西医为主，要做各种化验、测试和假定，最终找到病因，促进增长。

这些用户增长的本质性规律并不是所有人都能理解，所以我们需要尽快规划一个航母级别的用户增长项目。这种项目通过增长项目经理和增长 BI 分析师的持续策略迭代，每次都能带来一些增长，长期累积能产生很可观的增长效果。但是这种航母级别的增长项目，周期相对较长，用的资源较多，而且还依赖一些基础能力的建设。如果产品本身的前期积累不够，不具备一些关键的基础能力，航母级项目的规划与实施会受到极大限制。

第二，在没有航母的时候，增长项目经理和增长 BI 分析师经常处于项目上线节点之间的空闲期，由于没有一个航母平台提供增长抓手，这段时间就会显得很尴尬，也会让增长不连续。如果能有一个平台让他们不断迭代各种小策略，筛选一定的用户群来执行这些策略，就可以充分利用推进功能型项目（造驱逐舰、导弹巡洋舰等）的空隙时间，让大家持续推动策略型增长。

下面，我结合自己的实际经验来说一下航母战斗群打法的重要性。2016 年年底，我刚到百度贴吧负责用户增长的时候，主要是做 App 的 DAU 止跌。那个时候，百度贴吧 App 的 DAU 因为各种原因，已经持续下滑一年。所以，我去百度贴吧负责用户增长的首要任务就是让 DAU 止跌。当时，我主要采取了短平快的两板斧：（1）把移动浏览器和 PC 端的用户导入到 App 中，让他们有更好的体验，同时引导还没有下载百度 App 的用户去下载；（2）选出贴吧内的精华内容，通过 Push 消息给用户推送过去。这两项工作虽然听起来很简单，但其实要顾及用户体验并解决一些基础技术的问题。例如：用户从移动浏览器跳到百度 App 中，一开始竟然是跳到 App 首页，而不是帖子内容详情页，这肯定是让用户崩溃的；推送 Push 消息的频率有些高，这等于是骚扰用户；苹果离线用户由于有 APNs（Apple push notification service，苹果推送通知服务），接收 Push 消息没有问题，但是安卓离线用户需要安装一些共享 Push 通道的 SDK（软件开发工具包）才能接收。类似这样的问题有很多，但这不是重点。这些都只是功能型增长项目，只是驱逐舰、巡洋舰，并不是能持续带来增长的航母。上面提到的两个步骤的第一步让贴吧的 DAU 止跌，我是驾轻就熟的，除了感叹像贴吧这么老的产品，其增长基础竟然如此差以外，并没有沉淀过多的思考。但接下来的第二步，则让我经常陷入深度思考并获益良多，同时帮助我把航母战斗群打法逐渐打磨成形，让我最终有机会在 ofo 小黄车负责增长时得以把这一方法完善并实践。

在百度贴吧解决完上述问题，让 DAU 止跌以后，下一步要做的就是怎样更好地利用百度搜索的流量给贴吧导流。这似乎是百度所有 App 的思路，但对于贴吧确实是最对路的。因为当初百度推出贴吧，就是为了沉淀大家搜索中的问题和相关内容，给有相同问题或兴趣的人建立一个分享、交流或回答问题的社区。所以很自然地，我们实现用户增长的第二阶段就是想办法推进与百度搜索团队的合作，让贴吧的内容能够更好地被搜索引擎发现。这听起来是不是很像 SEO？这其实就是 SEO，和我之前介绍的苹果应用商店的 ASO（应用商店优化）是类似的。其不同之处无非就是贴吧属于百度内部产品，我们能直接找到负责搜索产品的相关团队，从而获得更多的内部信息。这个阶段的工作经常让我在两个方面陷入反复的思考。

第一，百度当初推出贴吧是为了承接搜索的流量，在搜索和内容之间形成一个循环，让用户因为内容而使用搜索，再通过搜索来沉淀内容，形成社区。这么成熟的一个产品，这么让人耳熟能详的一个逻辑，为什么以前的团队没有想办法把贴吧的搜索优化做到极致呢？当时，我们发现很多内容页面的 TDK（title，description，keywords，即标题、描述、关键词）还是可以进一步优化的。

我在推动了一段时间搜索优化项目，了解了更多相关信息之后，才慢慢把这个问题思考明白。其实，推进贴吧内容搜索优化的核心不在于产品、运营或技术，而在于公司体系内部利益的权衡、沟通、协调。在大公司工作过的读者，应该都能体会到这是什么意思。但让我想不通的是，大家为什么会前赴后继地往这条路上走，还投入很多资源呢？我当时的领导、同事、团队成员都非常优秀，甚至我也厚脸皮自认为还算优秀，为什么一群优秀的人也会死磕搜索流量这个鸡肋呢？！

经过一段时间的持续深入思考，我终于明白过来，这和个人能力或聪明与否没关系，这是由人性和机制决定的。越聪明、越有经验、越有洞察的人在面临巨大增长压力的情况下，越会选择这种看起来确定性高的路径。之所以说这条路径看起来确

定性高是因为大家已经在这条路上做过无数尝试，已经无数次
证明它是有效果的，只是其效果在每次尝试后都是逐渐减少的。
但这并不重要，重要的是，这是一条不会错的路，即使其最终
效果不好，也是有很多理由可以找的，例如其他团队不配合、
某些资源没到位等，这个方向也是不会被挑战的。所以，无论
是否认为走这条路会获得巨大收益，从个人的角度来说，走这
条路都是政治正确的。

相反，这个时候如果自己投入很多资源做其他增长性的探
索，失败了肯定会被认为不专业、什么都不懂、只会瞎搞，还
会很快下课。试问，一个聪明、经验丰富、有洞察的理性人，
怎么可能会去选一条不确定性高的路呢?! 这就是我在第一章
的"增长曲线跨越"这一节中提到的"经理人窘境"。大家如果
重读一下这一内容，会对我说的这个案例有更深刻的体会。所
以在当时那个阶段，选择做搜索优化这条路和我们的能力高低、
聪明与否、经验是否丰富都没有关系。在那样一个时间节点，面
对这么一个产品，从人性的角度，我们只能选择这样一条路径。
而且越聪明、越有能力、经验越丰富的人，越会选择这条路径。

只有不计较个人得失的人才能突破这种窘境，然而现实环境
却不利于这样的人存活。大部分公司都是奖励顺应经理人窘境的
人，惩罚不计较个人得失想突破窘境的人。在这样的机制下，即

使有人刚开始想突破这个窘境，在经历过惩罚后也会被驯化，下次面对这种经理人窘境时肯定会做出有利于自己的"合理选择"。

第二，当时经过一段时间的思考和尝试，我判断贴吧的 SEO 并不会成为增长的航母，虽然从逻辑上推演，做 SEO 是非常合理的。它的逻辑是这样的：通过搜索让用户看到贴吧的优质内容，然后用户点击进入贴吧，找到志同道合的人，大家一起在贴吧社区中互动，从而进一步产生优质内容反哺搜索引擎。但当时的百度，这个逻辑里用到的三个非常重要的条件发生了变化。

一是百度的搜索流量在下滑，搜索团队自己有很大的 KPI 完成压力，再加上贴吧当时也不在主航道上，所以不可能在流量上对贴吧有什么倾斜；二是经过这么多年的优化，贴吧内容 SEO 的边际效应已经非常低了，到后来其实更多地不是做产品、运营和技术本身，而是沟通协调了，但因为大家都面临 KPI 的压力，所以很多沟通注定是没有结果的；三是贴吧的优质内容在减少，而且由于论坛这种产品的属性，很多内容都不够结构化，所以和很多新兴的 PGC（专业生产内容）平台一比就非常吃亏。因此，综合各方面因素判断，贴吧的 SEO 充其量只是一个驱逐舰，并不能提供一个策略型增长的平台。

当时在贴吧，我还负责 BI 团队。没有一艘增长航母，BI 的战斗力就完全没有办法发挥出来。所以当时，我思考的一个核心问题就是如何找到增长航母。贴吧的核心是优质内容，而内容是跟人走的，所以贴吧的核心其实是人，是一个个的用户。但是用户其实去哪个平台都可以，真正能让用户在社区沉淀下来的，还是关系链。因此，我当时判断贴吧优质内容的减少，其本质是用户关系链的淡化与消亡。我们之前做的一个用户调研也发现，很多用户提到他们不玩贴吧的原因是当初一起玩贴吧的朋友现在都离开贴吧了。不过，这毕竟只是我的一个推测，还需要落地进行相关的实验去测试、验证。

如果这个方向得到验证，即关系链能增加用户在平台的活跃度和贡献度，并且我们能通过一定的策略引导用户通过关注、加好友等方式在贴吧建立一些关系链，就可以不断探索各种策略来引导用户建立关系链，这就是我们的增长航母。这其实有点像探探 App 在做的事，二者有一点异曲同工，都是希望用户能建立一些关系。当然，二者建立关系的动机可能不一样。举个例子，我最近收到的一条探探给我发的短信是：

××（昵称），一个曾反复查看过你 4 次资料的女生，离你仅有 921 米，戳这个链接，看看她是谁！

为了研究产品，我之前下载注册了探探 App，但不怎么用。

不过还是时不时收到它发来的各种风格的短信，而且这些短信都非常有诱惑性。可以想象，探探的用户增长团队对于给什么用户发什么样的短信、如何引导，是做了大量的策略探索与尝试的。这就是他们的策略型增长平台，他们的航母！

不过在百度贴吧负责用户增长项目时，我还没有形成完整的航母战斗群打法理念，直到离开百度贴吧，在 ofo 工作时才把这个打法想透，并得以使其落地实践。虽然我在百度贴吧时没有把这个打法想得很清楚，但已经意识到，要想发挥 BI 团队的战斗力，必须要探索出一个实施策略型增长的平台。所以，我当时希望能投入一些产研资源在这方面进行探索，可惜现实很骨感。我之前提到，百度贴吧的产品基础很弱，有很多坑需要填，使用的技术架构也有点过时，可一直都没有机会改造，因此申请产研资源来支持我做增长航母的探索就更不可能。直到离开百度贴吧，我也没能找到一个实施策略型增长的平台，这是比较令人遗憾的。

这个部分我之所以结合实际案例与思考，介绍得比较多，目的是想让读者能够意识到，在用户增长项目的规划中，一定要建造自己的航母，不要一味去造各种驱逐舰、导弹巡洋舰、核潜艇等。虽然它们一旦成功，也可以带来可观的增长，但是成功概率相对较低，而且开发上线周期也较长。如果你的项目没有策略型增长的灵活性，自然就无法带来细水长流的持续性增长。而航母是稳定增长战斗编队的主心骨，所以你一定要深度思考你产品的增长航母是什么，去探索并找到它！

低频与高频产品增长方法的差异

在做用户增长的早期，我做的都是电商、社区等高频产品。做这类高频产品的用户增长的最大好处之一是迭代后能很快看到结果，很容易形成正反馈的闭环。后来，我做了一个超低频产品的用户增长，发现这一过程很痛苦，因为迭代后要想看到结果需要比较长的时间，很难快速验证一些想法，这对用户增长是很不利的。

在下面这个矩阵图（如图 3-4 所示）中，我把不同的产品映射到上面。其实，沿着纵坐标从下往上的那个箭头就代表了典型的用户增长方向，即让不用我们产品的人使用我们的产品，让使用我们产品的人更高频地使用。而沿着横轴从左到右那个箭头则代表了"+互联网"的过程，也就是传统产业与互联网的融合过程。沿着横轴的这个箭头，其实也是我之前提到的整合型用户增长发力的方向，不过这不是本节的重点。在这部分我想和大家重点讨论一下沿纵轴从下往上的那个箭头，也就是如何刺激用户产生需求、如何吸引用户。

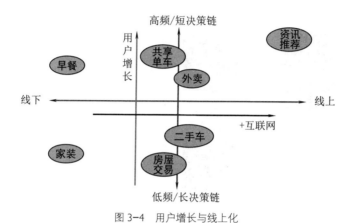

图 3-4　用户增长与线上化

　　根据价格需求理论，我们知道，一般来说价格越低用户需求越高。因此，很多互联网产品都会针对新用户设置体验价，甚至免费。而且，有些本来就是免费的产品甚至需要通过发红包等方式吸引用户。图 3-5 描述了针对高频、低频产品的不同激励模型。

　　我们先看一下这张图的上半部分，这是高频产品的激励模型。在用户增长项目中，很多激励手段都符合这一模型。如果针对的是高频产品中的非交易型产品，一般给用户实际的物质激励效果会比较好，例如发红包等；如果针对的是高频产品中的交易型产品，使用主业优惠激励会更合适，例如发放打车优惠券、电商平台打折券、免费体验券等，因为这样的激励更精准，

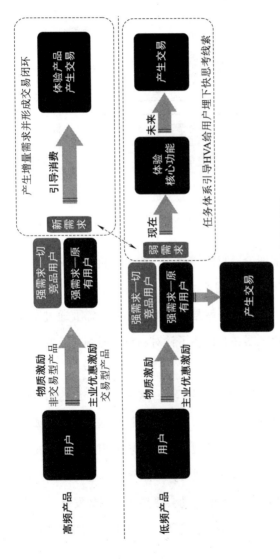

图 3-5　高频、低频产品激励模型

带来的 ROI 也更高，即使激励到了没有需求的用户，如果他们不去交易，我们也不用兑现激励。而且后者还有一个好处，就是天然引导用户产生一个非常重要的 HVA——首单。所以对于交易型产品，如果能用主业优惠激励，尽量不要使用其他物质激励。

对于高频产品，用户的决策过程往往都是比较快的，决策链条比较短。所以通过激励很容易就能扩大需求，切掉一部分竞品用户。另外，更吸引人的是，这类产品的蛋糕很容易做大，也很容易通过激励产生新的需求。例如电商、打车、共享单车等，只要对用户进行合适的激励引导，就能产生增量需求。同时，再配合其他增长优化手段（一般是漏斗型增长）来降低用户的体验门槛（例如共享单车免押金、免认证、免费首次骑行），较容易就能让这部分增量用户产生体验产品或交易的闭环。因此，对于很多高频产品，尤其是短决策链、低门槛的产品，通过补贴来刺激用户并不是恶性竞争，而是一个激励新需求产生、培养用户习惯的过程。只要控制好预算，尽量测算好补贴与 ELTV 的关系，这会是一个非常良性的过程，缩短了产品被用户接受并习惯的时间。

以我自己为例，一开始因为各种补贴红包，叫网约车比较频繁。尤其是在一些网约车平台还有高比例充值赠送的时候，我充了很多钱。刚开始，确实是各种补贴让我明显提高了网约车的使用频次，虽然后续补贴没有了，但我也养成了高频使用网约车的习惯。

通过对比各种场景使用网约车和自驾的感受，我体验到了很多便捷。因为我的工作非常忙，所以时间对于我来说是非常珍贵的。我上班的地方离家比较远，车程要 90 分钟左右，如果自己开车，路上除了听一下语音之外，做不了什么事。而且有时候听得专注了还容易分神，也比较危险。在使用网约车通勤后，我拿出笔记本，打开手机热点，连上 VPN（虚拟专用网络），和在公司办公也没什么区别。这让我节约了大量的时间，尤其是在早上去公司上班的路上，没有人打扰，思维也很活跃，可以深度思考很多问题。晚上下班回家，我可以在车上对一天的工作做个总结，并同时规划好第二天的工作，这让我很有工作的节奏感。另外，网约车在一些非工作场景的优势也是非常明显的。例如周末带小孩去购物中心玩，如果自己开车，经常要花不少时间找车位。如果叫网约车，车到了就能走，能节约不少时间。

一开始，是网约车的补贴让我提高了使用频次，拓展了使用场景。但在逐渐体会到网约车的便利后（对我而言是节省时间），即使没有补贴，我也更高频地继续使用网约车，基本不自己开车了。我是一个被网约车转化出行方式的典型案例，但绝对不是一个无脑给网约车歌功颂德的托儿，哈！

然后，我们再看一下图 3-5 中虚线下面的部分，这是低频产品的激励模型。和高频产品一样，激励的存在针对低频产品一样能切走一部分竞品用户。但和高频产品不同的是，低频产品通过激励产生新需求（增量用户）的难度比较大，想把蛋糕做大非常困难。但是激励还是会吸引一部分弱需求用户进来的，虽然这部分用户可能在近期不会产生交易或高频体验产品。

在理想的情况下，我们肯定希望吸引过来的用户越精准越好，这样转化效率会更高，平均 CAC 也会更低。但实际上，在获取用户的时候，即便通过各种用户群画像更精细地定位，我们也很难保证只覆盖强需求用户。而且，在一个平台从 0 到 1 的时候，为了快速起规模，各种渠道都发力比较猛，肯定会有大量弱需求用户被覆盖到。

低频产品针对强需求用户的处理过程和高频产品一样，都是引导用户产生交易 / 体验闭环。而针对弱需求用户，就要分成两种情况：（1）如果客单价相对较低，我们就要通过价格的改变来改变用户的需求频次，例如高价餐厅、豪华车等；（2）如果客单价非常高，那我们对于价格的改变幅度就很有限，基本不能影响用户的消费决策，例如买车、买房等。

我们先来看客单价较低的情况。当然，这里说的客单价较低，其实是相对于另外的低频产品而言的。高价餐厅、豪华车等相比普通餐厅和快车等，客单价还是比较高的。高价餐厅和豪华车之所以消费频次低，还是价格决定的。如果这类产品的价格能降低一下，是可以让用户沿着价格需求曲线往高需求方向滑动的。我把这些产品叫作价格可控型产品。

一般来说，产品的定价是经过全面研究分析后决定的，而用户增长要研究的是如何在给定价格的前提下提升 ALTV。在这种情况下，提升 ALTV 的关键有两个：第一，通过提供一个一次性的与场景挂钩的优惠体验价，让用户增加对低频产品使用场景的联想；第二，利用供给端的闲置时间，提升供给端利用效率。

在离开滴滴之前，我曾短暂负责过豪华车的用户增长。下面，我结合当时在滴滴与团队讨论豪华车用户增长策略时的经验，具体说明一下这两种情况。

豪华车是各种网约车中使用最低频的服务。固定使用豪华车的人，很多都是老板或其他高端商务人士，也有一些尝鲜用户。为了提升 ALTV，吸引更多的人来使用豪华车，我当时提出的第一个关键点是拓展豪华车的使用场景。除了高端商务人士的通勤以外，我们应该打造更多的豪华车使用场景。而且，这些场景一定要让用户先去体验，然后在用户心中留下印象，这样用户再遇到类似场景时就会想到使用豪华车。例如在父母或配偶过生日时，用豪华车接送他们往返餐厅；在结婚纪念日，用豪华车接送配偶往返餐厅；刚开始追求女孩，约饭成功，用豪华车接送女孩往返餐厅；等等。为了实现这一目标，我们可以想办法让满足一定条件的用户，例如快车、专车的高里程用户先消费一次，为他们提供一些特定场景的优惠首次体验，后续就能观察用户对豪华车的使用频次的提升情况。通过对不同用户群推广不同的豪华车场景体验，我们就能筛选出一些让体验用户的 LTV 提升比较明显的策略组合；再把这种策略自动化，覆盖符合画像的更广泛的用户群体，同时再扩展相似的策略组合，就能快速形成一些提升 ALTV 的策略。

这是针对我上面提到的价格可控型低频产品的第一个增长策略：向用户提供一个一次性的与场景挂钩的优惠体验价，让用户增加对低频产品使用场景的联想。除了我上面提到的豪华车案例，大家在日常生活中也能看到一些其他产品的优惠体验，但很多都没有注重和场景的关联。如果客单价较高，很多用户体验后也不会产生复购。如果能把用户体验和场景关联，就相当于在用户脑海中埋下了一个触发器。后续再有类似场景出现时，用户会自动联想到你的产品。在这里，优惠价格推广不是关键，甚至让用户体验你的产品也不是关键，最关键的是让用户把对你产品的体验和他生活中会经历的场景关联起来，尤其是会重复发生的场景，而这恰恰是最容易被忽略的地方。

仍以豪华车为例。有些用户在叫豪华车时，附近可能没有

可用的豪华车，而且如果不是预约订单的话，很多时候豪华车的
接驾等待时间都偏长。这主要还是因为豪华车总体数量偏少。但
是如果增加车辆，可能又没有足够的需求来支撑这么多供给。所
以针对豪华车这种低频产品，很难建立起一个靠不断加车来满足
需求的正循环。因此当时，我主张的另外一个核心建议就是探索
利用豪华车在需求热点区域之外的空闲时间，来服务更多用户。

　　比如一辆豪华车在接了一个订单后停在了需求热点区域之
外，那这辆车停在那里可能长时间也不会有订单。这个时候，
如果刚好有前往热点区域的专车需求或高里程用户的快车需求，
就可以提示他们，适当加一点价就能体验豪华车服务，后续我
们再来观测这些用户带来的 LTV 提升情况。

　　大家在制定具体的策略时不一定非要是我举例的这种情况，
但核心思路和利用车辆的闲置或空驶时间来让更多的用户体验
是一样的。只要不断地进行策略迭代与尝试，就能找到提升
ALTV 比较明显的策略组合。同时，我们也可以把这些用户作
为上面提到的一次性场景优惠的核心推广用户。

　　当然，我也能深刻体会到，在实际工作中，要做这些测试
功能可能极其困难：可能要协调不同的产品线、不同的职能团队，
说服不同的老板，跪求不同的人。但这不是我们要讨论的重点。
做用户增长应该考虑的是提升一个产品 ALTV 的最优方案是什

么。但在方案实际落地的时候，肯定是收益与可实现性的平衡。可实现性的最大阻碍往往不是技术，而是组织结构。

下面，我们讨论一下低频产品中客单价较高的情况。如果某一个产品交易的客单价较高，还低频，那就意味着我们不太可能通过调整价格来创造新需求。如果把价格调低，优惠幅度较小，对用户根本没有吸引力；如果价格调低很多，亏本让用户体验或交易，由于客单价较高且是低频产品，那用户体验或交易一次后，也许很多年都不会产生复购，这样的话这个亏损永远都无法弥补。

我举一个这方面的极端案例。在二手房交易服务中，中介服务费相对购房款来说是很小的一部分。用户是否买房，几乎完全不受中介服务费的影响。这个时候，就算把中介服务费降为零，也不会有新需求产生，本来不打算买房的用户是不会因为中介服务费的减免而去买房的。更何况，就算真的减免了中介服务费，用户下次买房也不知道要等几年以后。所以对于低频高客单价产品，做用户增长最核心的是用户的精准度。

如图3-6所示，低频高客单价产品的用户价值分布和高频低客单价产品的用户价值分布是很不一样的。图3-6展现的低频高客单价产品用户价值分布曲线，其实是一种偏极端的情况，展示的是用户在生命周期中只产生一次交易的情况。但这种极端情况更有利于方法论的说明。

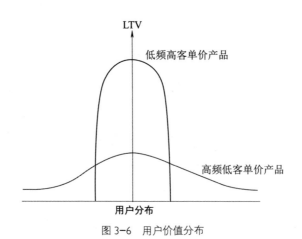

图 3-6　用户价值分布

　　在这种分布下，低频高客单价产品的用户增长团队肯定希望能够精准圈住当下就有交易需求的强需求用户。但是在实际的用户获取过程中，仅仅锁定这部分用户来做各种推广是非常难的。在通过各种激励吸引强需求用户时，不可避免地也会引来一部分弱需求用户。这部分用户虽然目前没有交易需求，但是将来可能会产生交易需求。既然已经把他们吸引到平台上了，那怎么才能让这部分用户的价值最大化呢？

　　我们当然是希望这些用户现在能对我们的产品留下深刻印象，未来有需求的时候能第一时间想到我们。然而，这只是我们单方面的美好愿望。如果用户现在只是简单地浏览或在获得物质激励后就不再使用或卸载我们的产品，那他们将来有需求时是很难想起我们的。既然我们已经花成本把这部分弱需求用户吸引过来了，尽管这不是我们的主动选择，但价值最大化的做法就是引导他们去体验一下产品的核心功能。体验过才容易记住，这相当于给他们埋下了一条快思考线索。当他们未来真的有需求时，马上就能根据现在埋下的快思考线索，联想到我们的产品。这其实和很多品牌打广告的原理有点类似，只不过大部分广告都是通过不断重复来给用户留下印象的。但是在信息爆炸的今天，即便多次重复，用户也未必能记住。相反，如果能让用户去体验产品的核心功能，经历与产品的互动，那他们记住我们产品的可能性就会大大增加。

假设有一个二手车交易 App，其重要的核心功能之一是订阅某款车型的信息。一般来说，想买车的用户可能都会订阅，订阅后就能获得该车型的最新供应和最新成交价格。用户有了这些体验，将来要买车的时候，要不想起这个 App 都难。因此，在弱需求用户进来以后，通过一定的增长功能承接，例如任务体系等去引导他们体验产品的核心功能，看起来成本是增加了，但从长远分析，成本其实是降低的。当然这需要看长线，还要经过长时间的数据验证。

　　另外，如果被吸引来的弱需求用户是"泥沙"的话，我们也可以顺便寻找一下泥沙中的钻石，也就是我们真正关注的强需求用户。但需要明确一点，这部分用户虽然使用了我们的产品，也未必就一定会在我们的平台上进行交易。

　　如图 3-7 所示，低频高客单价产品，其用户贡献的价值是阶跃变化的；而高频低客单价产品，其用户贡献的价值是随时间缓慢变化的。

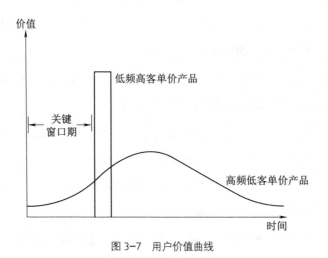

图 3-7　用户价值曲线

　　下面，我们先介绍一下低频高客单价产品的用户价值变化。对于低频高客单价产品，在一定时间内，就是一个零和游戏。

用户如果在其他产品上成交，就不会再在我们产品上产生交易。在用户产生交易决策前，有一个关键窗口期。在这期间，用户会综合各方面因素做出最终的交易决策。而我们肯定是希望自己能够在关键窗口期介入，去影响用户的决策，从而让用户选择我们的产品来做交易。但是这有一个前提条件，就是我们能够识别出哪些用户是强需求用户，毕竟这些用户没有自带强需求标签。

而这需要我们有一个用户成交意愿识别模型，能尽量在用户成交前的关键窗口期把这部分强需求用户识别出来。通过用户的各种行为，我们如果能建立一个预测模型，是能够对用户的成单意愿做一定概率预测的。一旦我们开始做这项工作，预测模型就能通过逐步迭代提高预测的准确率。

在识别出这部分用户后，我们就要针对他们进行资源投入倾斜，把最优质的资源集中在这部分已经识别出的强需求用户上。尤其是那部分已经被识别为强需求但并没有在成单漏斗中向下转化的用户，他们大概率是把我们的产品作为一个信息参照物，然后选择在别的平台成单。前面我们说了，对于低频高客单价的产品，中短期就是一个零和游戏。所以，我们要尽最大努力争取每一个成单用户，尤其是我们已经识别出的强需求用户。对这部分被识别出来的根据当前趋势可能不会在我们平台成交的用户，我们应该进行资源超配投入，例如给这部分用户超出预期的大额主业优惠券、提供专属 VIP（贵宾）服务、增加信息的推送等。只要转化这部分用户的边际收益不为零，我们就应该想尽一切办法争取他们。我们一定要通过针对这些精准用户的资源超配投入，来形成相对竞品的区域兵力优势。

这种零和游戏的对抗，和打仗特别像。根据克劳塞维茨《战争论》的思想，我们应该尽量对竞争对手造成最大的伤害，这才是对我们最有利的。所以，如果竞争比较激烈，为了不让这部分用户跑到竞争对手产品那儿去，哪怕是边际收益为负，有战略性的亏损，我们也应该把这部分用户争取过来。不过在实际中，一般并不会出现竞争惨烈到边际收益为负的情况，如果我们能识别出这部分强需求用户，这就是一个非对称的竞争，因为可能只有我们知道这部分用户是强需求用户，竞争对手并不一定知道。利用这种非对称的信息优势，我们能相对比较容易地、有针对性地吸引用户。而且随着模型迭代、精确度和及时性的提高，越早识别这部分用户，我们的竞争优势越明显。

通过这一节的介绍，大家可以看到低频产品的增长和高频产品的增长有很大不同。高频产品相对比较容易产生增量需求，所以在增长策略上的腾挪空间比较大。低频低客单价的产品，通过价格的调整，还是能产生一定增量需求的，但核心是要教育引导新用户，让他们知道使用产品的新场景，同时还要充分利用空闲的供给。而对于低频高客单价的产品，其需求几乎不能沿着价格需求曲线滑动。有限的利润空间决定了我们的激励或优惠力度不会对用户的交易需求产生任何影响。但是，对于顺便吸引来的弱需求用户，我们也要从长线考虑，引导他们体验产品核心功能，给他们埋下快思考线索，从而让他们在将来有需求时第一时间想起我们。而对于吸引来的强需求用户，我们要尽可能提前识别出他们来，锚铢必较，让他们在我们的产品上形成交易闭环。

增长功能的用户体验——掌控感

对于互联网产品，我们所说的用户体验是指在特定的场景下，用户能在与产品交互的过程中比较爽地满足自己的需求。这里面的三个关键要素是场景指向性、过程完整性、交互爽感度。由于产品功能的体验不是本书讨论的重点，我在此对前两个关键要素就不详细阐述了。第三个关键要素——给用户创造爽感是非常重要的，因为很多互联网产品都不是强刚需产品，并不是用户的唯一选择，在市场上还有其他竞品。通常来说，产品的首要功能肯定是解决用户的痛点，但是在大家都能解决用户痛点的情况下，就要看谁能解决得更好，甚至是谁能创造爽点。很多时候，互联网企业为了创造爽点，不会让用户直接看透产品的各种逻辑，而是会让他们通过探索来获得满足感。

举一个极端的例子，比如游戏。用户玩游戏就是纯粹为了得到爽感，但如果游戏设计得很直白简单，用户一下就能知道下一步究竟应该如何操作是最好的，那这个游戏一定是很无聊的。当然，这是个比较极端的例子。在实际中，大部分产品都是同时解决痛点和提供爽点的。而增长功能的用户体验和一般产品功能的用户体验的评判标准是不同的。对增长功能用户体验来说，最核心的就是掌控感，要能无缝引导用户产生 HVA。能否成功引导用户产生 HVA、提升 ALTV，是评判增长功能用户体验的唯一标准。

增长功能其实也算一种产品功能，只不过它是一种非常特殊的产品功能。一般的产品功能都是从用户角度出发的，是为了满足用户的某个需求而设计出来的交互逻辑。而增长功能是从公司的角度出发的，是为了提升 ALTV，让更多用户产生我们期望的行动。也就是说，用户希望通过使用产品满足自己在某个场景的特定需求，而我们希望用户产生特定的动作（HVA）。所以，用户的需求和我们的期望之间存在矛盾，而弱化这个矛盾的关键是让增长功能对用户透明。

有些时候，用户当下的需求刚好和公司希望用户产生的HVA是一致的。不过很多时候，我们希望用户产生的HVA尽管对用户长期是有利的，但并不是他们当下最想做的事。无论用户当下的需求是否和我们希望其产生的HVA一致，我们都需要设计一定的增长逻辑去引导他们产生HVA。这个引导逻辑，其实就是考验用户容忍度。人们对于自己没有掌控感的事特别容易感到疲惫，容忍度一般都比较低。让增长功能对用户透明的核心就是让他们有掌控感，也就是让用户对于HVA引导逻辑中的下一步要干什么做到心中有数，不需要再思考下一步应该点击哪里或是输入什么信息。

举一个例子。在产品中的某个页面，假设是在"我的"这个用户主页页面，有一个推广的资源位，放了一个活动的banner（横幅图片）。这个banner是推广某个引导用户产生HVA的活动，是HVA引导逻辑的入口。我们为了能让用户点击进去，会在banner中设置一些提示，例如图3-8框中"点我有礼"的文字。在实际中，我们还会根据具体活动的情况，放上更匹配场景的引导文字，甚至如果图片表意清晰的话，只是加一个引导点击图标示例也是可以的。

如果这么一个引导点击的HVA入口banner完全交由UI（用户界面）设计并决定，为了和整个产品的UI风格保持统一，

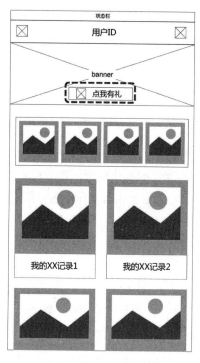

图 3-8　用户主页 HVA 引导入口 banner 示意

有可能就变成了一个看起来格调高雅的图片，甚至都没有类似
"点我有礼"之类的文字或引导符号让用户去点击这个入口。如
果没有类似的引导，虽然有些用户仍然会知道这个高大上的图
片也许是一个可以点击的入口，但并不是所有用户都有这样的
经验。没有这样的引导符号，就会增加用户的思考成本，从入

口开始就让用户失去了掌控感，用户还要动脑想或者尝试去点击，看这个图片是否隐藏了什么东西。这不是在玩密室逃脱，这样的体验对于增长功能是非常糟糕的。

每个产品，都有自己的 UI 风格，不管是品牌还是 UI 团队，肯定都希望各处能保持一致，但保持一致的目的是什么呢？如果产品设计风格一致、格调高雅，但用户使用的频率越来越少甚至不再使用，那也是没有任何价值的。而这一点具体到增长功能的交互设计，就是要让用户有掌控感，尽量让用户在每个页面都知道怎么做，甚至还能知道下一步能得到什么。在整个引导逻辑的通道中，应该让用户像在开车一样，自然而然地打方向盘，不用动脑去思考是否应该踩油门或往哪边打方向盘。如果为了保持 UI 风格一致性或因为其他审美理由，让整个引导逻辑的交互被阉割了，让用户失去了掌控感，这是不正确的。我们必须在掌控感和产品整体风格之间做一个平衡，而且只要稍微深入思考一下，通常是能找到这种平衡的。

增长功能是不能独立存在的，必须依附于主产品功能，而且增长功能一般都是引导用户去体验主产品功能过程中比较关键的一部分，也就是 HVA。所以，增长功能用户体验的设计是不能和主产品功能一样的。增长功能是一个通往 HVA 的通道，在这个通道中，不能让用户思考自己应该往哪里走，要让用户

像在脑中装了一个 GPS（全球定位系统）一样，对于往哪里走
心知肚明。对用户来说，整个过程要像开车一样，拥有高度掌
控感，不会因为在中途迷路或缺乏耐心而退出。

B 端与 C 端增长方法的差异

　　B 端与 C 端的增长存在显著的差异，其中最为关键的不同
就是目标群体的试错成本存在极大差异。对于 C 端增长目标群
体而言，我们通常只是希望他们来体验一下我们的产品，而且
很多产品对他们还是免费的，即便是付费产品，很多也都有免
费体验期。因此，如果 C 端用户觉得自己用了不好的产品，他
们的损失只是浪费一点时间或者浪费一点钱而已。而 B 端增长
目标群体往往是一个平台上的服务提供者，我们希望他们能够
转换工作方式，把他们赖以养家糊口的生计搬到我们的平台上
来。但如果结果不理想，他们付出的成本要比 C 端用户大很多。
当然，很多 C 端的方法在 B 端也是适用的，例如针对 B 端用户
引导关键的 HVA、引导分享、针对性投放广告，等等。这一节，
我主要和大家探讨一下 B 端增长与 C 端增长的不同点。

　　对于 B 端增长，我个人认为比较有借鉴意义的是杰弗里·摩尔
在《跨越鸿沟》一书中提出的技术采用生命周期曲线，如图 3-9

所示。书中提出这样一个理念：对于新技术的采用，一般都是创新者和早期采用者比较积极，很多新技术在获得创新者和早期采用者的使用后，就面临一个鸿沟，很难获取主流群体的青睐，尤其是很难被早期大众采用。可是很多公司在获得创新者和早期用户之后，就欣喜地扩大规模，从而导致成本飙升，但是收入迟迟不能再上一个台阶，最终倒在鸿沟中。那么，如何才能跨越鸿沟呢？获得早期大众的采用是 to B（对企业）公司成长的关键。

所以在产业互联网时代，传统 to C（对消费者）互联网公司想要做好 B 端的生意，其核心就是如何获得代表早期大众的这部分公司的采用。每个想要做好 B 端生意的互联网公司，都应该仔细研读《跨越鸿沟》这本书。

这本书中研究的很多案例其主体都是做 to B 生意的软件公司，这些公司的业务都是把企业软件产品销售给其他公司，它们的目标客户是其他公司。所以，这本书中研究的公司的客户其实和我们通常所说的平台 B 端服务提供者是不太一样的。但我觉得两者在本质上有相同的地方，即都是为了让目标群体能够更好地做生意、赚取更多利润。

一个平台上的 B 端服务者加入平台的曲线，和图 3-9 是类似的。早期加入的一般都是一些乐于尝试新鲜事物的人，带有一

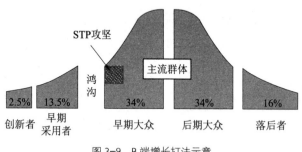

STP攻坚

鸿沟

主流群体

2.5% 13.5% 34% 34% 16%

创新者 早期采用者 早期大众 后期大众 落后者

图 3-9　B 端增长打法示意

定的玩票性质。我们的目标是尽快覆盖主流人群，早日跨越鸿沟。主流人群有一个特征：比较实用主义，偏谨小慎微，不愿意成为"先烈"。很多时候，早期大众都希望别人能够去先尝试，把坑都填平，自己再进入，然后弯道超车。而且，他们和创新者与早期采用者往往是不同的群体，混不同圈子。创新者与早期采用者的行为并不能影响他们的决策。早期大众更看重自己圈子内和自己同一类的人是否加入平台。如果那些同圈层先加入的人能在平台上赚到钱，他们就会迅速加入。这就是鸿沟存在的原因：创新者和早期采用者无法影响早期大众，只有早期大众才能影响早期大众，但谁都不愿意成为第一批加入平台的早期大众，这种矛盾是鸿沟产生的原因。对于这一逻辑的更深层次解读，可以参考《跨越鸿沟》一书。

　　我直接给出跨越这一鸿沟的方法，可以借用营销中的 STP

理论，即市场细分、确定目标市场、市场定位把早期大众再划分为更精细的群体来攻坚。比如，根据职业、地域、教育背景、年龄段或其他群体属性，对潜在 B 端服务提供者进行划分。然后，选取某个分组或几个分组的交集形成的某个目标群体，对其进行重点轰炸。举个以地域来划分平台 B 端服务者的例子。一线城市的网约车司机有不少都来自同一个小县城也租住在大城市的同一个区域。如果可以针对这种细分人群来定制我们的营销和增长策略，就能事半功倍。

但无论我们采用什么维度来进行市场细分，都要找出目标人群或公司，重点关注他们的机会成本，也就是其他潜在的收益机会。把其他机会与我们自己的平台能提供的资源和机会进行对比，通过区域性和阶段性的资源超配来形成一套说服框架，吸引这部分人群或公司加入。这里有一点需要特别注意，那就是一定要做到资源超配，不能简单地看 CAC 和 ELTV。因为吸引这一部分群体是出于战略目的，希望他们作为早期大众的种子用户。

一旦这部分用户加入平台开始尝试业务后，要重点引导他们产生各种 HVA，快速形成收益的正循环。注意，这里是指这部分用户形成收益的正循环，对于平台而言，有可能这个时候还是亏本的。当他们形成收益的正循环以后，自然会有口碑传播，这时我们要用各种手段加速他们的传播。例如开发各种分享工具促进 B 端分享、对他们的成功案例进行软文包装、同时把包装后的案例针对其他早期大众群体定向投放广告等。

总的来说，对于 B 端增长，一些 C 端增长的核心理念也是适用的，因为增长都是要切中用户的显性或潜在需求来引导他们。而且无论 C 端用户还是 B 端用户，都对产品或平台存有需求。但是对于 B 端增长，我们需要特别注意鸿沟的存在，不能被创新者和早期采用者的进入所麻痹，从而错误估计后续的增长形势，产生错误的预期。

另外还要注意的是，C 端的增长是不太符合这种跨越鸿沟曲线的。C 端的增长更像是核裂变中的链式反应，存在一个临界点，这个临界点可能是"资本 +CAC+ELTV"的组合，也可能是"品牌 + 链式分享"的组合，或是其他组合。一旦跨过这个临界点，用户就会呈现滚雪球般的加速增长，而且中间并不存在鸿沟。

A/B 测试

A/B 测试并不是什么新概念，我们在做产品功能时，也经常引入 A/B 测试，来帮助做判断。我在本书中之所以单独把 A/B 测试作为一节来写，是因为它是用户增长中的一个基础性思维。能做 A/B 测试的地方一定要做，不能做 A/B 测试的地方也要想办法做。在理想情况下，最好有一个用户分流控制系统，针对某个要做的功能，无论是增长功能还是普通产品功能，都能选取不同的用户流量做测试。

如图 3-10 所示，针对平台上正在测试的数个功能，用户分流控制系统可以进行配置，让某个功能对一定比例（这一比例从 0 到 100% 不等）的用户可见。比如：刚开始，我们只让功能 1 对 1% 的用户可见；随着功能的稳定，我们逐渐让其对 30% 的用户可见；当各方面的数据分析都显示可以全量时，我们再把这一比例扩大到 100%。不过在实际应用中，对用户的选取肯定是要满足统计显著性的前提的。所以有时候，我们不一定能细粒度地只选取 1% 的用户，也许至少要选取 5% 的用户才能满足统计显著性的要求，尤其对用户基数较小的产品更是如此。

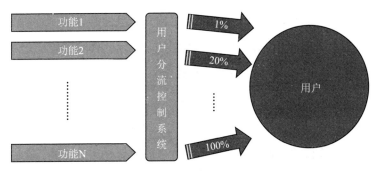

图 3-10 用户分流控制系统示意

虽然图 3-10 看起来比较简单，但是分流控制系统在实际中的设计是非常复杂的，有非常多的因素需要考虑，例如需要让不同测试功能之间的流量实现正交或互斥等。分流控制系统可以让专业的大数据工程师来设计，但这不是本书的重点，我就不展开了。这一节的关键是，大家要理解 A/B 测试在用户增长中的重要性和用户分流控制系统带来的便利性。

我上面描述的用户分流控制系统是偏理想主义的。实际上，大部分公司都没有这么完善的用户分流控制系统。而且有些时候，我们在做的一些测试，因为各种原因，甚至都没有做过 A/B 分流。

我在刚去 ofo 的时候，就遇到这样一种情况：分析在我入职之前就已经上线的某个功能的效果，但该功能上线前没有做 A/B 测试。当时，BI 团队的分析就是对比功能上线前后的用户行为。这种方法也是很多其他公司在用的方法。这个方法最大的问题是无法排除季节性和同一时间发生的其他事件的影响。如果还涉及计算 ROI，以确定后续是否要扩大激励的规模等偏量化的决策，这种分析方法的缺陷就是致命的。

当时，我给 BI 团队提供了一个思路，就是事后圈出一个"对照组"，作为在没有办法的情况下的办法，这在一定程度上弥补了分析的合理性。我还是坚持事前就做好用户分流，在设计功能方案时就要想好研发完成上线后要如何衡量效果，各种埋点方案要提前想好并执行。但是，如果因为各种原因，没有为 A/B 测试留下对照组用户，就只能事后圈出一个"对照组"来对比分析了。所以，我刚才把"对照组"三个字加了引号，因为这种方法圈出的并不是真正意义上的对照组，只是一个辅助分析的参考组而已，我把这一组用户叫作伪对照组。

如图 3-11 所示，右边是已经产生我们要分析的行为 × 的用户，我把他们叫作伪实验组。因为它其实并不是通常意义上的实验组，这个组的所有用户都产生了我们要分析的目标行为 ×。这里要注意的是，最错误的方式就是用右边伪实验组的用户直接和没有产生行为 × 的用户进行对比，从而得出行为 × 对用户后续活跃度或交易行为的影响，我相信本书的读者都不会犯这个错误。当然，如果你过去真的这么做过，那恭喜你，因为你阅

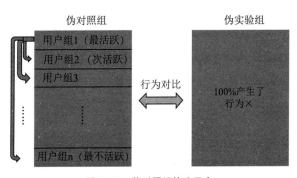

图 3-11 伪对照组构建示意

读本书的收获是最大的。

在没有做 A/B 测试的情况下，要想分析行为 × 的增量贡献，即"死马当作活马医"的办法是构建一个伪对照组来进行对比。如图 3-11 左边所示，没有产生行为 × 的用户也是有活跃度差异的。我们可以根据活跃度或交易单量把用户分为 n 层，即用户组 1 到用户组 n。其中，用户组 1 最活跃，用户组 n 最不活跃。然后，我们从用户组 1 开始，不断向下包含，先让用户组 1 和用户 2 构成一个伪对照组，然后把他们和伪实验组的用户在产生行为 × 之前的一段时间的活跃度或交易行为做对比。假设产生行为 × 的时间点是 T。一般情况下，只包含最高两层用户的伪对照组用户的活跃度在时间 T 之前是比伪实验组用户更活跃的。这个时候，就需要继续向下包含更低频的用户组，比如加上用户组 3 构成新的伪对照组。如此循环，直到我们成功构建出一个包含 m（m<n）组用户的用户组作为伪对照组，他们在时间 T 之前和伪实验组用户的活跃度相似。在判断用户活跃度是否相似时，统计上有很多方法，例如可以根据日启动次数、活跃时长、订单贡献量等各种关键指标，综合运用一些统计方法来计算相似度。具体选取哪些指标，可以结合实际产品来分析。

在构建出合适的伪对照组后，就可以把伪对照组和伪实验组在时间 T 之后的行为进行对比了，从而衡量产生了行为 × 的用户在时间 T 之后的行为变化，评估伪实验组用户产生行为 x 的增量价值。需要注意的是，如果在时间 T，除了行为 x 以外，用户还大规模地产生了其他一些 HVA，那么这种通过伪对照组来分析行为 x 的增量价值的方法是不适用的。

我们之所以采用从高频用户逐渐包含低频用户的方式来构建伪对照组，主要是基于以下两个原因：一是伪实验组的用户一般都是相对活跃的用户，这些活跃度更高的用户更倾向于在产品内产生某些特定的行为；二是从最活跃的用户开始逐渐向下包含来构造伪对照组，能保证我们把最活跃的用户尽可能包含在伪对照组中，这样就不会对行为 x 带来的增量价值过分高估。在构建伪对照组的过程中，还有很多统计上的细节需要注意。不过，一般的 BI 团队都能解决这些问题，我就不赘述了。

还有一点我需要再强调一下，我讲述上面这些内容并不是让大家不做 A/B 测试，用伪用户组来代替 A/B 测试的对照组。大家一定要在能做 A/B 测试的时候做 A/B 测试。A/B 测试是做用户增长一个非常底层的逻辑，大家回忆前面"如何衡量 HVA 的价值"那一节可以发现，HVA 价值衡量的底层逻辑其实是 A/B 测试，再叠加机器学习。上面介绍的伪对照组构建方法，只不过是一个事后应急分析的补充方法，提供额外的数据角度来辅助我们进行决策。再次强调，用户增长的本质是

通过数据驱动的迭代测试把主观认知变为客观认知，用测试的
冗余性换取增长的确定性。所以我们在分析过程中，要尽可能
多地获得不同的数据分析视角，综合不同的数据点来进行决策。
很多时候，由于惰性或者分析思维的欠缺，我们会凭经验、直
觉等来进行决策，但这些是不能证伪的，也是不可重复的，很
多时候它们只是被用来掩盖我们的懒惰和塑造我们的权威性。

即便构造了伪对照组，我们也不能单独把伪对照组与伪实
验组对比分析的结果作为决策依据，还必须结合其他数据点和
因素综合衡量。我们对数据的态度，其实代表了我们对用户增
长底层逻辑的认可度。科学的用户增长方法论，一定要建立在
对数据和各种统计分析方法的尊重之上。

数据背后是人性，我们不能只分析数据本身，一定要对数
据背后的人和他们的大脑决策机制有所了解，这样才能做好用
户增长。但如果抛开数据，只看人的层面，只关注经验和感觉，
那就是本末倒置，因为理解数据背后的人归根到底还是为了加
深我们对数据的理解。

逆向思维

逆向思维大家肯定早就听过，我之前只把它当成一个思维

角度，并没有特别的感受。在开始做用户增长以后，我才越来越深刻地体会到它的含义。做用户增长需要进行很多测试，而这些测试大多以失败告终。所谓失败其实就是没有带来 ALTV 的提升，或者带来的提升非常小，或是性价比很低。在正常情况下，我们对自己做的很多工作都是带着成功预期的。但是做用户增长，我们很多时候要带着失败的预期。因为从统计上来说，成功的测试是少数，所以我们要提前想好失败后下一步应该怎么办。

我在前面的章节中提到在漏斗型、功能型、策略型、整合型这四种增长类型中，我最喜欢的是策略型增长。这种增长形式能非常方便地让我们在一个测试失败后就迅速切换不同策略继续测试。所以在做策略型增长时，我们一般都要做一系列的规划，当前测试失败后我们下一步应该验证什么、测试什么都要提前想清楚、规划好，做到无缝衔接。

在战略、统计上，大部分增长测试都不能带来预期的增长，所以测试的数量非常重要，要用测试的冗余性换增长的确定性。但是在战术上，针对每一次增长测试，我们都需要精心设计，以确保它的成功，尤其是在做功能型增长时，更是要做好"事前验尸"。"事前验尸"这个概念听起来挺吓人，但它是一种典型的逆向思维方式。我们在做增长项目方案时，应该提前想一下，如果这个项目失败了，可能是哪些因素导致的。在列出各种影响因素后，我们要仔细分析，专注于影响圈，看我们对于哪些因素还能额外做一些积极改变。

　　一般在做项目时，我们都会考虑到底还要做哪些事情才能提升项目成功的概率。这一思考过程其实还有另外一面，即想想到底还有什么因素可能导致项目失败，我们应该做哪些方面的改变来降低失败概率，如果失败了我们下一步的计划是什么。所以，我在和团队成员讨论项目的时候，经常在最后都会问一句：如果咱们的方案不成功，下一步应该怎么办呢，是否有备选方案呢？

　　很多事情的底层逻辑其实是相通的，我觉得股票投资上的一些道理和用户增长也是一样的。我自己投资股票十多年，特别推崇巴菲特和芒格的投资智慧。在阅读整理芒格的重要思想《穷查理宝典》时，里面的一个故事让我印象深刻。故事里的乡下人说："要是知道我会死在哪里就好了，那我将永远不去那个地方。"这完全符合查理·芒格的"总是反过来想"的精神：要想长寿，先想一下如何不死。而巴菲特的投资理念中很重要的一条是要防止大幅回撤。要赚钱先想好如何不亏钱或少亏钱，这和芒格强调的"总是反过来想"有异曲同工之处。

　　不光投资股票，其他投资其实也类似。我有个同事，在买房之前和我讨论了很多，想听我的意见。尽管在房产投资领域我不是专家，但是我给了他一条核心建议。我知道他买房的目的是自住兼投资，所以当时问了他一个问题："过去 15 年，大家都知道房价几乎是单边上涨的，而未来 15 年是不是还会这样我不知道，如果房价出现下跌，你能坦然接受吗？"我说这是他在决定要买大房子还是小房子之前应该考虑清楚的问题。他说如果买小房子，投入和负担相对较小，即使房价下跌，也能从容面对；如果买大房子，投入比较多，对生活水平影响也比较大，万一房价下跌，他不能接受，会极其痛苦。我告诉他，我们投资肯定都是为了赚钱，但亏钱的情况也应该考虑进来。如果进行一项投资，只考虑价格上涨，完全不考虑也不接受价格下跌，那这是赌博不是投资；既考虑价格上涨的情况，也分析了价格下跌的情况，而且两种情况都能坦然面对，这才是投资。

经过仔细思考，他最终选择了买小房子。当然，这可能会让他在房价上涨时赚的相对较少，但他完全能接受在这种选择下将来会面对的各种情况。其实，这也是巴菲特和大部分投资者的区别。单看某一年，巴菲特的投资回报率一般都不是最高的，但是如果把时间拉长看，能一直在这么大的资金规模下维持这么高的收益的，似乎只有巴菲特。

这几年比较流行的"反脆弱"的概念，其实也是一种逆向思维。例如打疫苗，为了不患病，先让自己可控地染病，从而对病毒免疫。还有大家可能都听过的网飞的反脆弱架构。为了让自己的系统不崩溃，那自己先想各种办法把系统搞崩溃。在把自己的系统搞崩溃后，再及时进行修复和复盘。反复多次，系统就会变得更强健。

还有些公司会建立一个蓝军团队，把其作为自己的假想敌，从另外一个对立的视角来看问题，从不同的角度分析数据。这也是从不同的利益点出发，尤其是从与我们惯常的思维路径相反的方向来思考。这样能够很好地避免路径依赖，帮助我们发现思维盲区。

亚马逊也是一个典型的利用逆向思维的公司。我在亚马逊总部时，参加了 Work Backwards（逆向工作法）的培训。这个培训强调的是从交付给顾客的产品出发倒过来规划工作：一开始，先写一篇新闻稿，通常一页左右；再假想产品已经做完，要通过媒体正式对外发布。在这篇新闻稿中，通常要引用一些假想用户对这个产品的评论，要想象一下这个产品推出后是否有用户针对一些场景激动地说出赞美之词；然后，还要把用户经常会问的问题也写好。在写这些文档的过程中，我们必须完全进入用户的角色来思考。

在完成上面两步后，我们还得详细描述用户使用产品的体验是怎么样的，可能还需要先做一些简单的原型；同时，还需要先写好用户使用手册，给用户介绍这个"已经发布"的产品，告诉他们如何使用。当然，好的产品一般都不需要用户手册。这些都是逆向工作法的必要步骤。其目的就是让产品经理或其他相关人员，在一开始就坐时光机到未来，想象一下产品做出来后的情况。即使使用了这种方法，亚马逊仍然有很多不成功的产品，例如 2014 年营销声量非常大的 Fire Phone 手机。但这种逆向思维工作法让亚马逊在一开始就避免了很多无用产品的开发，而且提升了产品成功的概率，亚马逊开发出了很多非常成功的产品。

再来回顾我之前在亚马逊做用户增长的例子，来具体说明逆向思维在具体项目中的应用。2014 年感恩节，我们决定做一个 rank push（排名冲刺），让亚马逊购物 App 在苹果 App store 美国免费榜上冲进前 10 名。我们希望在圣诞节前的礼物准备季获取更多曝光，通过排名增长为亚马逊购物 App 带来更多的自然下载量。之前，亚马逊购物 App 的排名从来没有在榜单上进入过前 10。所以我们当时的目标是在一定的预算下，让亚马逊购物 App 排名进入 App store 免费榜单的前 10。我们在过程中做了大量的数据分析，以确定具体需要多少下载量、多少预算才能进入前 10。当时，我们就问了自己一个问题：假如到了这个排名冲刺项目快结束的时候，没有足够的下载量，不能支持亚马逊购物 App 排名冲进前 10 名，我们应该怎么办？

　　所以当时，我额外争取了后备火力，联系好了更多的冲榜下载资源作为后备军。如果到时数据分析发现下载成本可控，但是亚马逊购物 App 还没有进入前 10，我就会动用后备火力。因为当时 App store 每 3 小时刷新一次排名，所以我们每 3 小时就会分析一次数据。但最终由于成本相对偏高，超过了预期，没有调用后备火力。因为策略得当，再加上惯性的作用，我让亚马逊购物 App 历史上第一次排到了 App store 美国免费榜第 10 名，实现了效率最优化。

　　我想通过这个案例说明两点：（1）在做增长时一定要有逆向思维，要考虑如果不成功，我们的后手是什么；（2）做任何决策，尤其是涉及金钱投入时，要尽可能多地通过数据来决策。

　　逆向思维在很多时候能给我们带来决定性的影响。就像过马路一样，如果是单行道，我们的本能是看车来的方向，没有车就觉得安全了，可以过了。但是除了关注车来的方向，我们更需要关注的可能是车逆行的方向。如果一辆车敢于在单行道上逆行，那这辆车的司机极有可能非常不遵守规则或处于醉驾的状态，这样的司机是更致命的，如果我们不特别留意，会给自己带来非常大的伤害。我们的思维也是有惯性的，倾向于看"车来的方向"。但很多时候，决定生死成败的，其实是我们能否看到"车逆行的方向"！

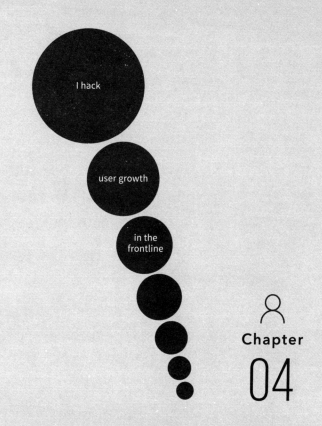

I hack

user growth

in the
frontline

Chapter

04

用户增长与产品、
市场等团队的关系

用户增长虽然是一个新兴的领域，但却是一个公司非常核心的部分，所以需要公司各个团队的紧密配合。即便很多公司的估值都是由用户量和用户价值（ALTV）决定的，也从来没有听说一个公司只有用户增长团队，而不需要其他团队的。用户增长其实是一项锦上添花的工作，要让用户增长团队发挥威力，是需要一些基础的，而这些基础一般都是公司的产品、运营、品牌、市场等团队打下的。但要实现 ALTV 的进一步增长，就需要专业的用户增长团队来做了。

　　如果没有专业的用户增长团队，而让产品团队、运营团队、市场团队等做用户增长，会带来三方面的问题：（1）大家都觉得自己可以做，但是如果没有做好，没有人会觉得自己应该对结果负责；（2）因为每个团队都觉得自己可以做，所以相互之间其实在暗地里较劲，合作是比较困难的；（3）用户增长对专业性的要求还是比较高的，虽然各个专业团队在自己领域可能都有比较高的造诣，但这恰恰会让大家受路径依赖思维的影响，反而不一定能做好用户增长。

但用户增长团队如果能成功，也一定离不开各个团队的紧密配合。用户增长比其他工作更需要各个团队的协同配合，所以用户增长的成功是公司各团队协同的成功，是大家的功劳。要想做好用户增长，搞清楚用户增长团队与其他团队的定位与关系是非常重要的。

用户增长与产品团队

在讨论用户增长团队与产品团队的异同之前，我重复一下我对用户增长的定义：以终为始，利用一切资源让更多用户更高频地使用核心产品功能。这个定义里的"更多"和"更高频"其实对应了 ALTV 的两个乘数因子，即用户量和 LTV；而引导用户去使用核心产品功能，则是让我们更专注于能让 LTV 提升的目标动作。这个定义并没有说我们需要构建一个让用户喜欢、能在某个方面满足用户核心需求的产品，因为这不是用户增长团队的工作，而是产品团队的工作。就如我在前面提到的，用户增长团队做的是锦上添花的工作，如果没有一个满足基础用户体验的产品，用户增长工作是无法有效开展的。即使强行开展用户增长工作，也是事倍功半。

要想做好用户增长，就要站在巨人的肩膀上，而最基础的就是我们的产品要达到一定的体验门槛，能够舒适地满足用户的需求。我举一个例子来说明体验门槛的重要性。假设我们要做一个找公共厕所的 App（某些 App 其实已经有这个功能），为了快速上线，我们前期并没有对公共厕所的分布位置进行实地考察，只是从网上扒了一些数据，然后就在 App 上展示给用户。由于没有对 App 上展示的厕所在线下进行相关验证（无论是自己验证还是众包），就有可能出现两种极度影响用户体验的情况：（1）由于定位不准确或者信息错误，用户到达 App 上所显示的位置发现根本就没有这个厕所，这时他很急，使用感觉肯定很差；（2）厕所卫生状况很差，苍蝇肆虐、臭气熏天，用户也许勉强先解决一下紧急需求，但他下次可能再也不会光顾，并且大概率形成负面口碑。

我虚构了上面这个例子，只是想说明如果没有一个达到基础体验门槛的产品，用户增长是不可能做起来的。如果吸引来的用户对我们的产品产生负面印象，不再使用还是小事，他们也许还会给出负面评价，从而给我们造成极大的伤害。负面口碑传播的威力是非常大的，很多时候远大于正面口碑。这主要是由于以下原因。

在传播正面口碑的时候，我们一般是有一定心理压力的，因为要看一下传播这个口碑是否符合我们的格调和人设，因为我们不希望显得自己低俗。另外，我们可能还会想：这个东西我觉得好，可如果别人觉得一般，那会不会显得我没见过世面？如果用力推荐，别人是不是会觉得我们有利益关系？总之，在传播正面口碑的时候，我们考虑的因素会比较多，决策相对没那么容易。但是在传播负面口碑的时候，我们就没这么多顾虑，因为在传播负面口碑时我们一般都会在心理上有复仇的快感，而且会认为自己觉得差别人觉得好，那说明我们的要求比较高，心理上有碾轧优势。另外，在传播负面口碑时，我们不用担心别人怀疑我们的利益动机。

所以，一旦让用户传播负面口碑，会对产品造成极大的破坏。即使后来产品体验提升了，也很难让这部分用户再回来使用我们的产品。而且，我们还很难吸引被这部分用户安利负面口碑的其他用户。相比一个从来没听说过我们产品的用户，我们需要额外花费很多精力才能让这部分被安利负面评价的用户来体验产品。

产品团队提供的基础用户体验框架是做用户增长的前提，否则做增长就是无米之炊。为了有一个能满足用户基础体验和核心需求的产品框架，产品团队要做大量的工作，这些工作包括但不限于：市场调研、需求分析、产品定义、产品设计、项目管理、产品宣讲、产品生命周期管理等。从做事的底层逻辑来看，我们做一个产品功能肯定要进行充分的调研、分析、聚类等，就是希望产品功能做出来后能够充分解决用户需求，是沿着成功假设的逻辑来做的。很多时候，我们要采用毕其功于一役的打法。

但用户增长的本质是用测试的冗余性来换取增长的确定性，所以很多测试都是以失败告终的，是沿着失败假设的逻辑来做的，很少会有毕其功于一役的情况出现。然而，用户增长团队做的 HVA 引导逻辑也是一种产品功能，需要借助产品团队来实现。这个时候，和产品主框架体验的设计不同，我们要按照用户增长的方法论来设计整个 HVA 引导逻辑。由于大家的底层思考逻辑不同、工作习惯不同、采用的方法论也不同，所以在通过产品团队来实现用户增长逻辑时可能会出现一些矛盾。那我们该如何解决这些矛盾呢？可以按照以下逻辑来解决：

如果做的是产品主体体验框架，毫无疑问得按照产品团队的思路来；但是如果做的是 HVA 引导逻辑，就必须根据用户增长团队的思路来。其实，产品团队和用户增长团队的想法都没错，但如果在组织上没有合理的设计，那很多在项目执行层面的矛盾是无法调和的。在项目执行层面去解决问题，永远都是按下葫芦浮起瓢，只有再深入一层才能真正解决问题。

下面，我列举自己之前的一些经历，来说明一下由于组织设计不合理导致的一些问题。如前所述，由于所处领域不同，做事的底层逻辑和方法论也不同，大家在有分歧的时候不太能相互理解，只会觉得对方不专业。在这种情况下，用户增长团队相对处于劣势。因为产品团队和其所采用的方法论的发展已经非常成熟了，对于产品团队的作用大家也都比较认可。而作为一个新兴领域，很多人都不太了解用户增长是做什么的，甚至会相对片面地认为用户增长就是拉新、获取新用户。即使是正在做用户增长的团队，很多也是处于逐步摸索阶段，没有成熟的方法论。所以在别的团队眼中，用户增长团队往往都看起来不专业，这是因为大家都是从自己的角度看问题的。做产品，用户增长团队肯定不如产品团队专业；做营销，用户增长团队肯定不如市场营销团队专业；做其他用户增长以外的工作，用户增长团队肯定也不如其他团队专业。在一家公司，如果其他团队说用户增长团队不专业，指的是其他方面，这是可以理解的，因为术业有专攻。但如果其他团队说用户增长团队在用户增长领域不专业，那就要仔细讨论一下了，看其他团队积累的相关经验、思考、方法论是否有资格来下这种论断。在组织设计上，一定要本着专业人做专业事的想法，通过合理的协调配合机制，发挥最大合力。

除了由于做事底层逻辑、方法论、专业领域不同产生的矛盾，用户增长团队与产品团队还存在绩效牵引带来的矛盾。我就曾经遇到过这种情况。我在之前也提到过，如果公司给用户增长团队配备很多相对资深的人员来设计、推进增长项目，而给产品团队只配备了一个资历相对较浅的产品经理来处理所有的增长需求，而且他还只投入了50%左右的精力来做与增长相关的功能，那这个初阶产品经理就会成为整个链条的瓶颈。人的能力都是需要时间和项目经验来积淀、成长的，在这种情况下，即使这个初阶产品经理再努力，投入百分之百的精力（何况还不是），也会限制组织能力的最大发挥。

当然，对于产品团队而言，这种安排是能找到各种合理的理由的。我只能说，对于这种安排，我可以理解，但不能接受。所以我才在第一章"增长组织保障"那一节，一再强调增长团队有闭环产品经理的重要性。无论这个闭环产品经理是属于用户增长团队还是从产品团队BP过来形成FT，都没有关系，因为核心是用户增长产品经理的绩效与晋升要100%和用户增长团队的绩效挂钩，由用户增长团队的负责人来决定，占用用户增长团队的绩优和晋升名额。

一个公司要想做好用户增长，产品团队是非常重要的，没有产品团队提供的基础和保障，增长就是无源之水。但如果只是组建了一个专业的用户增长团队，没有在组织上进行合理的设计，也无法产生合力。有了组织保障，用户增长团队与产品团队能理解彼此做事方法的差异且尊重对方的专业性，就能充分发挥合力，让增长收益最大化。

用户增长与运营团队

用户运营团队在做的事情和用户增长团队所做的事情，在形式上看是有一部分重合的。我之所以说在形式上，是因为二者在本质上还是有比较大不同的。普通的用户运营团队，经常会在一些关键事件节点，搞一些活动来刺激用户的活跃度或交易量，比如在情人节、愚人节、劳动节、儿童节、七夕等节日做一些数据盘点类的H5、小游戏，或者造一些节日，比如一些购物节等，这些都是典型的运营团队的工作。

而用户增长团队所做的工作虽然表面上看起来和运营团队的很像，但在根本上还是专注于两个目的:(1)聚焦周期重复性以改变用户的习惯;(2)聚焦于引导用户产生HVA。下面，我举两个实际的例子来说明这两个聚焦点对项目设计的影响和与常见的用户运营工作的不同。

聚焦高频重复性活动来培养用户习惯

我在 ofo 的时候，当时 ofo 的 CEO 说希望搞一个冲刺，让日订单量冲上一个高峰，最好能突破 3 000 万单。我接到这个任务的时候是周三，因为一般周五的订单量是一周的高峰，所以我们决定在周五冲刺这个高峰。如果是从纯运营的角度，搞一个活动来冲刺订单高峰、鼓舞团队士气、给资本市场信心，是很正常的。但是从用户增长的角度，做一个一次性的活动，我觉得收益是很低的。所以我当时就决定把这个活动做成周期性的、每周五重复的系列活动。这样就能够让用户逐渐形成习惯，每周五默认选择骑小黄车。我们就在之前红包车活动的基础上，在星期五单独制造了一个系列活动主题，同时在骑行红包中，增加一些惊喜大奖。这样，用户在每周五骑行，不但能得到随机的骑行红包，还能够获得惊喜热门大奖。

我们都知道，除了节假日之外，我们的生活一般都是以周为周期的，大部分产品的用户活跃度也是以周为单位重复的。我们可以看到，除了节假日之外，所有用户加总的活跃或交易曲线（例如 DAU 或订单量），每周的曲线形态都差不多。而人们要形成一个习惯，也需要一定的重复度。所以，用户增长关注的是长期效能的提升，而不是短期效果的提升。只是简单地做一个峰值冲刺，从用户增长的角度来看意义不是特别大，尽管从其他角度看还是有必要的。如果我们每周五都做一个系列活动，让用户选择小黄车，那慢慢地，用户就会在潜意识中形成周五骑小黄车的习惯。如果用户养成了在周五骑小黄车的习惯，就算后续活动的激励逐渐减弱，仍然会继续选择骑小黄车。

当时，我把这个活动的名字定为"超级星期五"。其实在讨论的时候，第一个蹦到我脑海里的名字是"黄色星期五"，这个活动名称和小黄车的品牌色非常契合，但是有不好的联想，所以最终取了"超级星期五"这么一个偏中性的名字。在第一期的"超级星期五"中，ofo 的日订单量冲到了 3 200 万，是共享单车有史以来日订单量的最高峰，这一高峰估计今天都还没有被突破。

在后续的每个星期五，我们都会搞不同的主题，联合不同的品牌，给用户送不同的福利。随着"超级星期五"的声量越来越大，谈品牌合作也变得越来越容易。而且这个活动还极大地调动了线下运营团队的积极性，给他们也提供了一个抓手，他们每周都组织线下团队来冲刺周五的当周订单高峰。甚至有些城市运营团队还免费谈下了一些当地商场的巨型显示屏，来推广"超级星期五"活动。另外，线下运营团队还设计了一些"超级星期五"的胸贴、背贴，贴在运营人员的反光马甲上，这些宣

图 4-1　ofo 在首期"超级星期五"中日订单量达到 3 200 万

传品每个周五都可以拿出来反复使用。这个周期性重复的"超级星期五"活动，促成了用户与小黄车的联动、线上与线下的联动、总部与城市的联动。

2017 年 11 月 3 日，iPhone X（一款苹果手机）上市，这也是一个星期五。在当年 10 月底筹备 11 月 3 日的"超级星期五"

活动时，我们想与苹果联合。通常来说，要与苹果合作，提前很久就要准备，而且苹果对于合作品牌也比较挑剔。当时，市场上对 iPhone X 还是比较期待的，所以我们非常想抓住这个机会蹭一下热度。在和法务团队商量后，我们最终决定，公司自己买 iPhone X 来送给用户。这样在宣传的时候，我们可以说这期活动的奖品是 iPhone X，从而充分蹭到 iPhone X 首发的热度。

就算在 iPhone X 上市当日我们无法买到送给用户也没关系，因为我们会在活动中说明，如果用户在这期"超级星期五"中奖了，会有工作人员第一时间联系用户，并在后续一个月内把 iPhone X 寄到他们手中。为了更进一步蹭"苹果"概念，我们当时还增加了一些小奖——送 5 斤苹果。所以，我们在宣传时说大奖是 iPhone X，小奖是苹果。小奖送的真苹果是与一个电商平台合作，是他们免费提供的，因为他们也想通过我们的"超级星期五"活动来获客。虽然在活动说明中，我们特别强调了，小奖是真的苹果，而不是苹果电脑或手机，但在实际领奖的时候，电商平台的客服还是接到一些用户打来的电话，问他们去哪里领苹果手机。不过在细心解释并出示相关说明后，用户也能理解。

图 4-2 在 iPhone X 上市当天的"超级星期五"活动中送 iPhone X

大家都见过这样一个游戏:先把信息告诉第一个人,然后让他用手势比划出这一信息的意思,传递给后面的人,后面的人收到后再依次比划传递下去。传到后面,这个信息可能就会变得面目全非。这说明信息在传递的过程中,由于受到各种干扰和传递手段的限制,会不断变形。加入真苹果的概念后,由于传递过程中的偏差,会大大增加这个活动的传播趣味性。但在传达信息时,一定要让用户能清晰地理解,有合理的预期,尤其是对于获得几斤苹果的用户。否则,他们就会有被欺骗的感觉。

这个例子中所涉及的传播要点,我们可以用《疯传》这本书中的 STEPPS 原则来总结。

- 社交货币(social currency):我们要共享那些能让我们显得

更优秀、更有人格魅力的事情。

- 诱因（triggers）：通过某个因素触发你的联想记忆，创造风口浪尖的提醒。

- 情绪（emotion）：当我们关心并产生幽默等各种情绪时，会自发地去共享。

- 公共性（public）：构建可视的、正面的事物，例如苹果标识，让大家不断在各种公开场合看到，影响大家的潜意识，从而诱发传播。

- 实用价值（practical value）：信息如果有用，人们会情不自禁地共享，例如老人会乐此不疲地转发保健类文章。

- 故事（stories）：以闲聊为幌子的信息传播，符合人们的记忆习惯。

　　加入真苹果作为奖品，会让整个活动更有传播性，因为当时刚好是 iPhone X 的上市日期，能更进一步提供传播诱因。同时，用几斤真苹果作为奖品，会让大家觉得有幽默感，感觉就像别人中了四代苹果，而你中了四袋苹果。这种对比提供了轻松的传播氛围，iPhone X 和几斤真苹果的结合，是一个很有趣的故事。

　　总体来说，几斤苹果这个奖品在不增加成本的情况下，更进一步提高了"超级星期五"的传播性。只要能在交互层面控制好信息的负面影响，不要让用户有被欺骗的感觉，这种蹭热度的奖品组合设计能很好地起到四两拨千斤的效果，因为充分蹭了 iPhone X 的曝光效应。2017 年 11 月 3 日，ofo 的订单量也超过了 3 000 万。

聚焦引导 HVA 来提升 LTV

增长型的运营，其重点是关注 LTV 的提升，而 LTV 的提升一般是通过引导用户产生 HVA 来实现的，所以增长型的运营一定要聚焦在 HVA 的引导上。对增长型运营活动的评判，并不在于活动当期产生的结果，而在于通过 HVA 的发生来改变用户成长轨迹。

2018 年，我在贝壳找房负责用户增长和用户运营。当时，团队在讨论做一个抽奖类的游戏，以提升用户的活跃度。可我却觉得，单纯的抽奖也许能吸引用户打开 App，但是价值并不大，因为这只是吸引用户单次访问，对于用户的长期行为影响并不大，不能有效提升 LTV。当时，我给团队的建议是把活动做成一个对用户长期转化有贡献的形式。

房产领域的交易是非常低频的，如果不考虑租赁的话，用户的 LTV 要么为零，要么就非常大，属于典型的超低频超高客单价。其实，我们可以把房产领域的用户交易看成一锤子买卖，先不用考虑复购。这样的话，相比高频产品提升 LTV，我们做的一切活动就是要想办法提升用户的成单概率。房产交易的周期相对较长，中间涉及非常多的环节，所以要想提升用户的成单概率，就要让用户体验到产品中对于用户买房或卖房帮助比较大的功能。很多时候，用户并不清楚这些功能。这就需要设计一些引导逻辑，甚至还要给用户一些激励，让他们去体验这些核心功能。

所以，我们做运营活动的核心应该是引导用户去体验对于买房或卖房有帮助的功能，单纯吸引用户来访问 App，并不能有效提升成单概率。因为如果一个关键功能用户以前不知道，那么即使用户因为抽奖活动打开了 App，在抽奖结束后仍然不知道这个功能。反之，如果我们设计的活动是让用户一步步产生某个关键行为，产生这个行为后就能参与抽奖，而且一定会中奖，就相当于让用户在抽奖的过程中体验了一个能提升成单概率的功能。如果用户当时有交易的需求，那他们肯定会对这个功能印象深刻；就算他们近期没有交易需求，体验了这个核心功能后，也会埋下快思考的线索，将来在有交易需求时会第一时间想起我们的产品，这也提升了未来的成单概率。

　　当时我们定下来的策略是引导用户去添加自己的资产或者关注某个房源。但是，由于这种策略要设计一个与实际功能打通的引导逻辑，相对复杂、耗时比较长，我们当时也没有产研资源，所以团队还是希望能做一个抽奖游戏。可简单做一个抽奖游戏，就变成了为做项目而做项目。所以，我提议直接模仿添加资产和关注房源的功能逻辑，把这个过程做成一个游戏。这个游戏的每一步都对应了实际功能的每一步。用户做完这个游戏，也就对产品的实际功能和其带来的相关效果有了认知。

　　这种方式虽然不如直接让用户体验产品的实际功能效果好，但是比直接粗暴地设计一个游戏来吸引用户打开 App 还是要好很多。在这里，我们其实是把一个能提升用户成交概率的功能说明包装成了一个游戏，再给予用户一定的激励让他们来读这个功能说明（玩游戏）。通过让用户玩这个游戏，我们希望他们能实际去体验这个核心功能，从而提升成单概率。这一过程的本质其实还是引导用户产生 HVA。只不过对于高频产品来说，HVA 的产生能直接带来 LTV 的提升；而对于房产交易这种超低频产品，我们可以在统计上把 LTV 用"单均价（假设户均一单）×成单概率"来表示，而引导用户产生 HVA 其实就是改变成单概率。

用户增长与品牌市场团队

用户增长团队与品牌市场团队的定位和所起到的作用其实是不同的。通常来说，信息不对称会让品牌和营销带来更高的产品溢价，越是不透明的产品越需要品牌营销。一个产品的信息透明度越高，用户就越容易对其功效产生直观感受。例如：一个线上信息类产品，无论其品牌是什么、做什么宣传活动，其提供信息的好坏以及是否能满足用户的需求很容易就能通过与其产品的交互来确定；而如果是一瓶洗发水，用户在不知道品牌的情况下，很难确定这款洗发水是哪个品牌的、究竟好在哪里。用户在用洗发水的过程中获得的大部分感受，其实都来自心智中对其品牌的认知。

因此，在互联网公司，处于核心的永远都是产品和研发团队。当然，最近几年，用户增长团队也越来越重要。而品牌营销部门在互联网公司的影响力，就远远不如在传统快消品公司的影响力大。快消品行业以卖货为主，对用户来说，很多产品在可量化体验上的差异并不是很大，所以该行业的品牌营销部门会把重点放在影响用户的每一次消费决策上，故而传统的营销4P对用户的购买决策有很大影响。而且，传统营销讲究的是认知大于事实，主要强调去影响用户的心智。与其不同的是，互联网行业希望用户先使用、体验产品，强调事实（体验）远大于认知。对大部分互联网产品来说，最重的类似购买产品的消费决策其实是下载 App，但这也比快消品的购买决策要轻很多。用户下载 App 不但不用花钱，还可能在注册后获得一笔现金，也没有使用场地的限制，有网络就行，所以互联网产品的决策门槛比快消品低很多。

另外，很多互联网产品满足的都是一些泛需求，用户决策的负担没那么重，下载和注册等行为的机会成本就是在沙发上的一些闲暇时间而已。而快消品一般是满足用户刚需的，需要用户花钱去购买，可能还涉及用户对生活品质的认知，虽然其对生活品质未必会有影响。显然，用户在购买快消品时，决策的负担相对较重，此时用户做决策很大程度上不取决于产品体验，而是取决于自己对该产品的品牌认知和营销 4P。只要快消品的质量不是很差，就不太会影响用户的决策。快消品质量在这里其实是一个保健因素①：如果产品质量不及格，肯定会对用户的购买决策（尤其是复购决策）产生负面影响；而只要产品质

① 有关保健因素的内容可参见赫茨伯格的双因素激励理论。在该理论中，双因素分别指激励因素和保健因素。其中，激励因素指工作本身、认可、成就和责任等，这些因素能促使人们对工作产生满意感；而保健因素指公司政策、薪水、工作条件等，公司即使在这些方面做得好也只能防止人们产生不满感。——编者注

量达到及格线，对于用户的购买决策就是没有影响的，因为用户通常无法通过体验产品来分辨不同产品间的差异。这个时候，用户的决策很大程度上就是受品牌认知和营销活动影响。

通过品牌和营销来引导用户产生决策，成本相对是较高的。但是传统快消品毕竟需要用户付费购买，所以只要采用合适的品牌营销方法、控制好 ROI，这一策略在该行业还是比较适用的。而且除了品牌和营销（Branding+STP+3C+4P），快消品行业也没有其他太好的抓手。虽然快消品计算 ROI 相对互联网产品要困难一些，但还是可以大概算出投入产出比的。

做用户增长其实也是影响用户的决策，让用户选择下载并体验我们的产品、使用某项功能、产生交易，从而提升 LTV。不过，所有的投入必须和转化联系起来看，严格评估 ROI。具体来说就是，用户增长要专注于从获取用户到他们离开产品的整个生命周期的管理和转化引导，而且这个过程需要严格的数据驱动。

总体来说，用户增长和品牌营销都是希望影响用户的决策。但二者也有不同：用户增长影响的决策更偏微观，一般是影响用户体验产品的某个环节，例如是否要点击某个按钮到下一步、是否要使用某个功能、是否要购买会员等；而品牌营销影响的更多是偏宏观的决策，比如是否要购买某个产品。由于互联网产品一般都采用免费使用或基础服务免费但增值服务收费的模式，所以这类产品偏宏观决策的门槛比较低，不能很好地发挥品牌营销的威力。对互联网产品而言，商业价值贡献更大的是各种偏微观的决策，而这正好是用户增长擅长的领域。

此外，用户增长团队也需要与品牌市场团队紧密配合，才能取得理想的增长效果。在做 ofo 小黄车的骑行红包和"超级星期五"活动时，我们就与品牌市场团队配合非常紧密，比如：宣传海报的设计就秉承了小黄车一向的轻松活泼风格；在设计"超级星期五"的海报时，我们与品牌团队一起强调了"5"这个每周都要出现的一致性元素；在活动推广的初期，做红包车时，营销团队投入了很多预算，精心准备了推广方案，以配合骑行红包活动的上线；在推广"超级星期五"时，品牌营销团队还联系了很多线上自媒体公众号来一起发声；在活动设计及执行中，用户增长团队和品牌市场及 PR 团队也是步调一致的。这其中的各种配合细节就不一一列举了。

在这个章节，我想说明的核心内容是，一个成功的用户增长团队，背后一定得到了其他各个团队的支持，所以才能取得超预期的增长结果。而大家能配合好的前提是相互尊重，用户增长团队要认识到其他专业团队的重要性，其他团队也要认识到用户增长领域的专业性。如果公司组建了一个用户增长团队，那肯定是因为做增长需要拥有专业技能的人才，否则让现有团队兼做就行，没必要大费周折。用户增长是让整个公司都能受益的事，如果各个团队能拧成一股绳，心往一处想，形成合力，一定能产生令人意想不到的增长效果。

I hack

user growth

in the frontline

Chapter

05

如何搭建用户增长中台

过去几年，用户增长越来越被重视，其背后的一个关键因素就是线上流量成本的飙升。只要粗放地做手机预装就能低成本获取用户的时代早就一去不复返了。很多时候，通过各种昂贵的线上广告获取用户的成本比用户的 LTV 还要高。尽管大家都希望能够免费获得用户，但这几乎是不可能的，即使能获得也只是非常少量的用户。所以，企业面临两个选择：要么降低用户获取成本，要么提升用户的 LTV。

　　而要持续健康地获取用户并提升用户的 LTV，有一个增长中台的支撑并提供各种基础工具，效率会高很多。对于有多条业务线或者是有线上、线下不同产品的公司而言，增长中台显得尤为重要。一个好的增长中台会让一家公司在下面几方面得到提升。

增长基础能力建设

做用户增长时，如果平台缺乏必要的基础能力，常常会事倍功半。所以，增长中台的一项基础工作就是建设相关的基础能力。其实，大家一听就知道这项工作的重要性，但是在实际工作中，却往往容易忽略。很多时候，我们觉得只要能找到做增长的优秀人才，就能马上实现可观的增长。但实际上，用户增长是一个系统性工程，如果缺乏必要的基础能力，再厉害的增长专家也会到处被掣肘，难以发挥自己的能力。

增长所需的基础能力，如果不由增长中台来统筹规划并建设，各个业务线或其他团队是不太有动力来做的。因为基础能力的建设往往很少能得到认可和喝彩，而具体业绩目标的实现往往是万众瞩目的。然而，业绩目标的达成离不开基础能力的支持。所以，这种基础工作必须由增长中台来提前规划建设。常见的基础能力的平台有A/B测试及流量控制平台、DMP（data management platform，数据管理平台），钱包系统、激励券营销系统、LTV计算跟踪系统等。其中，A/B测试及流量控制平台在第三章"A/B测试"这一小节已经有比较详尽的介绍，有关DMP的内容也能在网上搜到，之前也有相关书籍介绍过，钱包系统也相对简单，这些内容我在此就不详细介绍了。增长的

基础能力并不仅限于以上列举的这些，下面，我只针对激励券
营销系统和 LTV 计算跟踪系统展开详细介绍。

激励券营销系统

一般对于交易型产品，尤其是中频、高频交易产品而言，
没有激励券营销系统是不可接受的。很多时候，用户并不是真
的缺那几元钱，但那几元优惠券带来的心理上的愉悦感远胜于
物质补偿。这种心理上的愉悦感会影响用户决策的天平，使其
向我们预期的方向倾斜。好的激励券营销系统是策略型增长的
主要载体之一。图 5-1 是一个包含了券转赠机制的激励券营销
系统示意图，该系统可以同时分发主业券和第三方券。

不同业务线可以根据自己的需要，生成各种主业券发给用
户，但在券管理模块要进行预算管理和券核销，以保证不同业
务线在生成激励券时是有对应预算的，不会出现先斩后奏的情
况。在券使用或过期后，券管理模块要进行相应的核销或预算
恢复。

要在分发接口控制模块把激励券通过平台塞券、用户领券、
用户转赠券等方式发放到用户账户上。相关环节要有反作弊措
施，防止黑产作弊刷券。除了分发主业券，分发接口控制模块

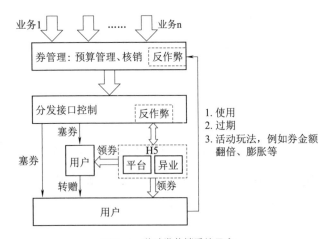

图 5-1 激励券营销系统示意

还要能分发异业券。同时，异业合作伙伴也能通过平台来领我们的主业券作为福利发给它们的用户。一般来说，平台通过活动让用户领券和异业合作方领券发给它们的用户，采用 H5 的方式会比较好，这种方式适合不同场景的分发。如果这类 H5 平台做得强大，还能根据不同活动、不同异业合作方来生成定制化的领券页面。

如果用户使用了激励券，那要在券管理模块进行核销，从而形成闭环；而如果用户没使用激励券，那就需要把预算释放回券管理模块，用于生成其他激励券。如果券还包括翻倍或膨胀等增加金额的玩法，还需要在券管理模块重新进行预算申请。

图 5-1 只是一个示意图，一般根据自己的产品特性和交易
场景，企业的激励券营销系统可能会简单很多。同时，这个激
励券营销系统还应该和 A/B 测试及流量控制平台配合，从而实
现对用户精准发券，并能衡量增量收益。

在搭建好激励券营销系统并运营一段时间后，可以在系统
中加上规则引擎，以实现自动化策略增长。一般在前期，通过
增长 BI 分析用户数据，可以圈定用户群和其对应的激励券规则；
在确定发券用户群和券规则后，通过对系统的手动配置把券发
给目标用户；随后，分析发券用户群和对照组用户群的后续价
值贡献差异，计算出发券带来的增量价值。

一般经过几次测试和迭代，我们就能沉淀下来一些明确的
规则，例如对于 A 用户群组，在其产生某个特定行为的时候就
可以向他们发放一张一定价值的激励券。这时，我们可以把这
个规则开发下来固化，让系统自动执行。每当用户的行为满足
一定条件时，就会触发规则引擎执行相应的发券动作。

如果规则引擎做得再强大一点的话，甚至可以让增长人员
直接添加券生成规则，不需要通过开发来固化每条规则。不过，
也不用一下搞出个无限手套，最好循序渐进地来，通过不断迭
代来优化激励券营销系统。

有一点是大家一定要记住的，不要一开始就直接开发固化

的规则，一定要先通过增长 BI 手动分析数据，在经过多次测试
验证了这些规则后，再把它们固化。把确定的规则自动化，手
动不确定的探索，只有这样才能兼顾效率和效果。

LTV 计算跟踪系统

LTV 的计算是一个逐步迭代优化的过程，在增长中台要有
专门的团队来持续跟踪优化 LTV 的计算。成熟产品的用户量相
对较大，数据积累的时间也比较长，其 ELTV 的计算就会更准
确一些。而对于新产品，由于其用户量相对较小，在计算 LTV
时，受统计偏差的影响就会大一些；而且，由于其用户数据累
积的时间相对较短，ELTV 的估算准确度也会相对低一些。

但不管是新产品还是成熟产品，在计算其 LTV / ELTV 时，
都有两个关键点需要特别注意。

一是随着产品和运营系统的完善，用户在产品中的贡献是
逐步提升的。但是我们在计算 LTV / ELTV 时，依据的都是历史
数据，假设未来和过去一样，所以会相对低估 LTV / ELTV 的价
值。因此在计算 LTV / ELTV 时，我们要对未来的趋势有个预判，
再适当加上一个增长因子，以使 LTV / ELTV 更能代表用户在未
来的贡献。

二是很多产品是有网络效应的。随着网络效应的增强，用户会在这个生态中花更多时间，产生更多交易。比较典型的就是电商平台。随着卖家增多或平台提供更多的商品，用户在这个电商平台上的消费也会越来越多。对于电商平台这种具有双边网络效应的平台，卖家与买家的增多并进入相互促进的正反馈循环，对于用户 LTV 和 ALTV 的提升是巨大的。因此，对于有网络效应的产品，我们一定要对其网络效应形成的临界点有一个判断，在跨过这个临界点后，后续的增长往往是几何级数的。

如果在早期计算 LTV/ELTV 的过程中没有考虑产品的网络效应，就会导致计算的 LTV/ELTV 严重偏低。而我们用这种偏低的 ELTV 来决定用户获取成本，就会过分保守。而且现在很多赛道上都有不止一个竞品，竞争非常激烈。这种过分保守的策略会让我们贻误战机，让我们错过取得战略优势的时间窗口。

在总体计算 LTV/ELTV 后，我们就需要对计算过程按照获取用户的渠道或方式进一步细分。在实际获取用户的过程中，我们都是按照不同的渠道来展开工作的，例如通过应用商店广告、DSP 广告、视频平台广告、用户分享拉新和平台 B 端服务者拉新（把这两种分享拉新方式也当成渠道）等。虽然每个渠道都能触达各种用户,但是在统计上,每个渠道获取的用户其实都有自己的特征,这会导致从同一渠道获取的用户在产品的价值贡献轨迹上有类似之处,即从同一渠道获取的用户的 LTV/ELTV 是相对接近的。

前面提到,我们计算 LTV/ELTV 的原因之一,是要用它来衡量我们的用户获取成本是否合理。而获取用户一般又是分渠道的,所以针对不同的渠道,我们应该有一个更精细化的 ELTV来指导我们制定用户获取成本策略。

我在第三章也提到,通过对用户 ELTV 变化的监测和模型的估算,我们能够知道引导用户产生 HVA 给我们带来的增量收益。而不同渠道获取的用户,即使产生同一个 HVA,其带来的增量收益可能也是不同的。所以针对不同渠道获取的用户,我们可以给予不同的激励以引导他们产生相应的 HVA。

总体来说,对 LTV 的计算跟踪是一个需要不断更新并持续精细化的工作。我们要把相应的工作成果及时应用到最新的用户增长策略和项目当中,使其相互促进从而形成正循环。

平台流量获取

如果一个平台上有多条业务线,那对于各条业务线来说,获取用户最快的方式就是洗平台的流量，即把平台上没有访问自己业务线内容或使用自己业务的用户吸引过来。各条业务线采用这样的方式并没有错，这是性价比最高的方式。但最后可能会造成的后果之一是每条业务线在考核周期内的用户量都上涨了，但平台的用户量却没有上涨。因此，需要有一个团队对平台整体的用户量负责，该团队的目标就是把用户吸引到平台上来，这个职责最好由增长中台来承担。

我认为增长中台在获取平台用户的过程中，要遵守两个原则：（1）如果能把钱给到用户，就尽量不要给渠道、流量平台或广告公司；（2）如果能给主业优惠券，就尽量不要给红包等现金激励。

这两个原则其实非常好理解。把钱给流量渠道，用户是没有感知的。而且如果大家都把钱给渠道，渠道的流量成本也会被进一步抬高。如果把钱给用户，则至少和用户形成了一定的关联，也许部分用户还会记得你的好。就算用户不领情，也埋下了进一步进行口碑传播的线索。

虽然把钱直接给用户的激励作用非常明显，但也会同时产生两个副作用：一是用户可能领了钱就跑路，不会使用我们的产品，更不用说产生 HVA 了；二是可能会吸引来很多作弊的用户，也可能不是很多用户，就是少数几个专业的作弊黑产组织。

在实际情况中，虽然我们知道给现金不是一种好的方式，但是由于系统基础能力的限制，例如没有激励券营销平台，有时候也不得不先给用户现金。这一般也是公司反作弊团队和作弊黑产组织斗智斗勇的时候。如果非要给用户现金激励，那在活动设计之初就要考虑反作弊，反作弊需要增长中台联合大数据及研发团队一起来做。

一些简单的反作弊规则，例如限制同一 IP 地址、同一设备号、同一地理位置、同一手机号码能领取的红包数量，专业的黑产组织很容易就能规避。因此需要引入机器学习作弊终端的特征，进行有针对性的屏蔽。这是一个不断反复的攻防战，特别耗费精力和资源。而且一旦作弊黑产组织突破了我们的屏障，可能会让我们一下损失很大。

因此，一定要有一个自动化的红包预算监控机制。例如：对每天需要发放的红包总金额做一个限制，超过这一金额就自动停止发放；在活动说明中放上相关说明，让用户知道每天的红包数量是有限制的，顺便营造红包稀缺的氛围；同时，从用户体验角度，提前把活动紧急停止的页面设计好。因为如果黑产作弊触发了这个开关，在用户领红包时就可以弹出这个提前设计好的页面，给出"活动过于火爆，今天红包已经领完，请明天早点参与"的说明。

另外，晚上 12 点到凌晨 6 点之间是比较容易出问题的，因为这个时间段很可能技术人员都在休息，这也给了作弊黑产一个绝佳的时间窗。这个时间段一般正常用户非常少，所以为了安全起见，可以把现金红包功能暂时关闭。

总体来说，增长中台应该承担平台流量获取的任务，把用户先吸引到平台，再进行二次引导分发。当然，增长中台也可联合各条业务线做一些运营活动，通过宣传某个业务条线的服务来获取平台用户。但无论其具体如何操作，平台流量的获取都是增长中台非常重要的工作之一。

增长人才赋能

通常来说，平台上的每条业务线都有自己个性化的增长需求，有很强的动力去组建自己的增长团队。但是用户增长是一个专业化相对较高的工作，而大家又往往认识不到其专业化，因此各业务线在组建增长团队时，经常不能准确识别增长人才。

由于各业务线的用户增长和平台用户的整体增长是紧密相连的，所以更好的方式应该是由用户增长中台集中招聘各业务线的增长人员，然后再把他们 BP 到各业务线去支持各业务线的增长。派到各业务线的增长 BP 一般双线汇报给业务线负责人和增长中台负责人。增长 BP 的量化绩效要完全根据业务线的增长目标来确定。而增长 BP 的能力成长部分则由增长中台来决定。也就是说，增长 BP 的绩效应该更多由业务线来决定，而其晋升则更多地由增长中台来决定。

增长 BP 在业务线的工作必须要得到业务线负责人的全力支持才更容易开展，因为增长是一个综合性的工作，绝不是一两个人或团队单枪匹马就能搞定的。在具体到每个增长项目的设计和实施时，则应该回归到增长中台，由增长专家组来评审及把控，以保证项目方案的高质量设计和执行。

总体来说，对于增长 BP 赋能业务线增长的机制，其关键是各业务线要负责定目标、给资源，而增长中台则负责人才输出及培养、专家中心项目把控。同时，在实行这一机制时，还要定期让支持各业务线增长的 BP 进行轮岗，从而更有利于接下来要介绍的两项工作的开展。

平台跨业务线 LTV 提升

如果一个平台上有多条不同的业务线，那在 KPI 导向下，一般每条业务线都只会关注用户在自己业务上贡献的 LTV，而对于用户在其他业务线上的贡献则不会留意。有时候，有些业务线甚至希望用户不要使用平台的其他业务，只停留在自己的业务内，因为它们担心用户的预算或时间会被平台上的其他业务"分流"。这种看似很幼稚的想法的产生也是有一定原因的：每条业务线都有自己单独的 KPI，而且很多成功的业务负责人都是强目标导向的，所以在紧盯目标的时候，他们不光会动作变形，眼睛也像戴上了滤镜，对一些更重要的事情会视而不见。

站在增长中台的角度，提升用户对整个平台的 LTV 贡献才是最重要的。这就需要增长中台深入思考和分析各业务线之间的逻辑关系，有时还需要把各业务线强行关联起来开展一些综合项目。

我在这里举一个脑洞大开的例子，虽然现实中不一定真的有这种业务场景。例如，我们发现用户在工作时间经常去川菜馆、湘菜馆吃比较辣的菜系，但是在家叫外卖却只叫比较清淡的食物。这是否说明他家里可能有年龄比较小的小孩不能吃辣，所以外卖只能叫比较清淡的食物？如果从餐饮的消费水平和家庭住址看，这个用户的家庭收入是比较高的，那这是否说明他家里还有高品质儿童用品和课外培训教育的需求呢？假如我们的平台刚好提供类似的服务，而这个用户还没有体验过，那我们如何让他来体验平台的这些服务呢？这就需要我们发起一些跨条线的测试项目来验证，这中间可能既涉及数据的交叉引用，还涉及业务体验环节的交叉推广。

上面这个脑洞大开的例子所描述的场景是否存在并不重要，重要的是增长中台作为一个支撑平台，要有全局性的视角，要和业务线形成互补，要始终寻找提升平台用户 LTV 的机会，并形成跨条线的联合项目去测试。

第二曲线探索

常规的用户增长其实都是沿着第一曲线在发力，想办法让业务一直增长下去，让 ALTV 不断提升。但这种增长不可能永远持续下去，迟早会到失速点，最终走向衰退。所以，企业需要找到业务的第二曲线，在原有业务衰退后也能实现持续增长。有了第二曲线以后，增长中台要继续做自己擅长的事，沿着第二曲线继续做增长。可是，如果没有第二曲线该如何做增长呢？

要想在没有第二曲线的情况下做用户增长，就要搭建一个合格的增长中台，一定不能坐等第二曲线的到来，而要主动去探索第二曲线。其实不光对于增长中台要这样，正如克里斯坦森在《创新者的基因》中所说，创新应该是企业中每个人的职责，企业应当有许多组织得当的创新小分队。虽然一个企业的 CEO、战略规划团队、战略投资团队或具体的业务团队，都有可能参与到第二曲线的探索中，但是增长中台尤为适合进行第二曲线的探索。因为第二曲线的探索并不是没有门槛的，要求探索团队要有很强的发现技能。

相对其他团队而言，用户增长团队一般都拥有较高的发现技能。发现技能又可以分为五项具体技能：联系、发问、观察、交际、实验。

联系就是要把看起来各自独立的事物联系起来。就如前文中提到的，跨业务线的 LTV 提升天然就要求用户增长团队把独立业务联系起来，寻找一些创新的组合。很多伟大的想法特别容易出现在科技和艺术交叉的十字路口，而正如我前面提到的，用户增长本身就是一个技术和艺术相结合的工作。

发问是求甚解的过程。用户增长团队一项很重要的工作就是分析大量数据，找到数据表象后面的原因、业务场景、用户心理等。我在团队中，一般都提倡增长 BI 人员在面对数据时采用丰田的大野耐一发明的 5 why 工作法[①]。我不止一次听到 BI 团队的负责人告诉我 5 why 工作法对他的帮助有多大。克里斯坦森在《创新者的基因》也提到要用 5 why 工作法来发问。

---

① 5 why 工作法是通过对一个问题点连续以 5 个 "为什么" 来自问，鼓励解决问题的人努力避开主观或自负的假设和逻辑陷阱。从结果着手，找到问题的根本原因。——编者注

　　观察就是要留意身边的世界，看事物如何运作，找到可以优化的地方或可借鉴的模式。在做用户增长时，我们要仔细观察用户与产品的交互过程，浸入式地感知用户体验，找到可以优化的环节。用户的感知永远是对的，他们之所以有我们预期之外的感知，就是因为我们的工作没做到位。有代入感地观察用户的体验，能帮助用户增长团队获得做增长的灵感。

　　交际则是要我们多接触不同学科、不同领域的想法。我在后面"用户增长团队成员能力模型"的章节会讲述，理想的用户增长人才是跨学科人才，需要有多个领域的工作经验或知识。同时，要做好用户增长，用户增长团队也要与不同行业或其他公司的相关团队多交流。

　　实验是指通过创造产品原型或测试环境来验证想法。这和做用户增长的本质是一致的，即用测试（实验）的冗余性来换取增长的确定性。整个用户增长团队工作的落地点就是大量的测试。我们要用人文的思路来发现测试点，用科技的严谨分析来验证测试的结果。

　　综上所述，增长中台的一个重要使命就是进行第二曲线的探索。由于其工作性质和对人员能力的要求，增长中台最适合进行这类破坏性创新的探索。

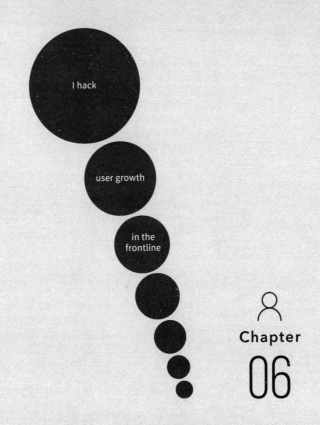

I hack

user growth

in the frontline

Chapter

06

产业互联网时代
传统企业如何
做用户增长

这一部分的内容我在前面"整合型增长"已经有过一些介绍，现在大家提的比较多，我就在这个章节更系统地阐述一下。互联网发展到今天，纯互联网的商业模式几乎被探索殆尽。更大的机会存在于互联网与传统业务的融合、提效、进化之中，也就是我们常说的产业互联网。在看待产业互联网时代的用户增长时，我们需要切换自己看待问题的角度，从互联网对传统业务赋能的角度切换到传统业务与互联网融合的角度，从人员简单叠加的物理反应的角度切换到复杂融合的化学反应的角度，从防御抵抗的角度切换到拥抱进攻的角度。我们要在业务层面、组织层面、战略层面做全方位思考和改变。这也属于之前提到的整合型增长的范畴，不过不是简单的物理整合，而是深度的化学整合。

业务平等融合

一种新业态的诞生，往往涉及多种因素的创新组合。在组合的过程中，各因素之间并没有绝对的主次之分，划分主次的标准主要看究竟哪种因素或特性的凸显能给新业态带来更蓬勃的商业生命力。这就像新诞生的生命，吸收了父母双方基因的优点，不以其中一方的基因为模板去吸收另外一方的基因，这样更有利于生命的繁衍、进化。

传统业务与互联网的融合也应该采用这种对等融合的思路。随着互联网的诞生和移动互联网的发展，我们生活的方方面面都发生了巨大的改变：以前购物是去百货大楼或老字号店铺，现在很多东西都可以在网上购买，即使去了商场，可能还会悄悄摸出手机在网上查一下价格；以前吃饭是靠熟人口碑推荐或根据餐馆客人的多少来判断该选哪家，现在可以先在网上根据评价选好餐厅或叫外卖；以前买房只能在线下通过经纪人费时地一套套去看，现在买房可以通过线上 VR 带看快速建立看房对象短名单；以前打车只能在烈日下、风雨中招手拦车，现在可以在空调室内瘫坐手机下单等车来。大家衣食住行的体验都因为互联网而发生了翻天覆地的变化。体验即价值，如果现在还有人认为互联网不创造价值，一切以线下业务为主，难免失之偏颇。

但不管是线上业务还是线下业务，to C 业务还是 to B 业务，都要通过一定的交付来满足客户的需求。在竞争越发激烈的今天，仅仅满足用户的需求已经远远不够，还必须在满足用户需求的基础上让用户有较好的体验。实际上，企业向客户交付的是一种综合体验。所以，传统业务与互联网的对等融合要以客户体验为基础，看一下线下生产、服务流程和线上产品、数据要如何融合，这样才能提升交付效率，提高客户体验。

我仍以 ofo 小黄车为例。为了给用户好的体验，让用户在地铁口等需求旺盛的地方有车可骑，我们需要把车辆从偏远的地方调度到地铁口等地方。从线下的角度，我们可以安排一些货车，沿途收集偏远地方的零星车辆，然后把这些车辆运到地铁口等需求旺盛的地方。为了让这件事从财务上可行，我们需要压缩车辆费用、压缩搬车人员成本、规划最优路线、提高作业效率等。

从线上的角度，我们可能会用众包的办法，通过给用户发红包来让他们把这些低需求区域的车辆骑到地铁口之类的地方，就像摩拜之前做的调度红包一样。我们当时还规划了一种类似漂流瓶的留言系统，让这些处于偏远区域的车辆充当一个个漂流瓶。如果它们被骑到地铁口等热点区域，就能留下一段漂流瓶信息，让后面骑车的人能看见，从而提供一种社交或做广告的机会，把调度工作通过游戏众包出去。类似这样脑洞大开的方法，我们从线上角度还能开发出很多。

从上面这两个不同角度采用的不同方法我们可以看到，不同行业背景的人解决问题的思路是不一样的。但最终的最优解决方案并不是从单一角度就能得出的，可能最优的解决方案是一个线下搬运和线上众包相结合的方案。比如，用户把散落在偏僻区域的车辆骑到一系列停车点，这些停车点可能不是我们希望车辆停放的地点，但是它们在我们线下搬运车辆的最优行驶路线上。而且路线的灵活设置会让停车点增加很多，这样就能让更多的用户选择合适的停车点来获取调度红包。由于众包调度让车辆聚集停在一个个的停车点、相对集中，搬运的货车就不用频繁停车，搬运效率会得到极大提高。这种解决方案相当于把一部分调度分给了用户，另外一部分分给线下搬运人员。

另外，我再虚拟一个开餐馆的例子，讨论一下用线上线下融合的产业互联网思维应该怎么做。假设我们要开一个川菜馆，主打水煮鱼这一招牌菜。

开餐馆的首要工作就是取名，我们希望顾客看到餐馆名称就能知道我们的主打菜品。另外，我们希望在线上也能获得一定的搜索流量，例如用户在网上平台搜索水煮鱼时，我们的餐馆能第一时间出现在用户面前。按照常规，如果餐馆名称中含有菜品的名字，在搜索结果排序时权重可能会高一点。在综合考量之后，我们决定把餐馆名称叫作"水煮鱼宫"，这样既能让用户一看名称就知道我们擅长什么，也能在用户在线上搜索流量时获得水煮鱼品类的更高权重。

接下来的一项工作就是选址。传统餐厅选址可能要采用数人流的方式，在非节假日时间，从周一到周五选一天，再加上周六和周日共三天，去线下数某个目标商铺的人流。这样就能推算出一周的人流量，再根据人流到消费的转化，结合店面租金及人员成本等，对店面开业后的收入和利润进行预估。此外，我们还可以去地图 App 上看一下，这个店铺的附近是不是经常堵车。如果经常堵车，那说明这附近车流量非常大，是一个热点区域。如果店铺门口的马路也经常堵车的话，那大家在堵车的时候就能够看到我们餐馆的招牌，所以我们的招牌一定要够醒目，不仅要能吸引行人，还要能吸引路上开车经过的人。

选址完成后，餐厅就可以筹备开业了。现在吃饭，上菜以后，大家一般都是先拍照，然后才开始吃。所以在餐桌上，我们可以针对主打菜品，放一些辅助拍照的道具，例如对菜品进行解释的创意纸牌等，当然上面的显著位置得有餐馆名称。这样用户拍照分享其实就是对餐厅进行推广。

此外，还要想方设法引导到店的客人关注餐馆公众号，不管是采用送礼物的方式还是额外折扣的方式，一定要把到店的客人做成自己的私域流量。后续还可以通过公众号向用户发放优惠券。

通常来说，除了快餐店，顾客很少一个人来餐馆吃饭。作为增量客源，我们可以考虑在公众号上设计一个陌生人拼桌的游戏，让陌生人有机会能够拼桌吃饭。当然从陌生社交的角度来说，异性拼桌肯定更好；从卫生角度，可能还要提供并引导顾客使用公筷。各种细节我就不详述了。

收集用户对菜品的反馈也是非常重要的。但是现在，用户的时间被手机上的各种 App 占据太多，单纯的菜品评分用户不会反馈，而且指导效果也不大。缺乏用户反馈是不利于菜品的研发和改进的。我们可以考虑用众包模式来做部分菜品的研发。一旦用户研发的菜品被选中，该用户就可以获得这道菜品的命名权和其他各种奖励。这一方面扩展了菜品研发的范围，另一方面让用户有了参与感。其菜品被选中的用户肯定会成为餐厅的拥趸，会帮我们推广，而菜品没被选中的用户也会好奇打败他们的菜品是什么样的。

其他环节也可以利用互联网用户增长的思维来优化，这里就不一一详述了。上面我说的这些，很可能在现实中不存在，但这不重要。重要的是这个虚拟的例子可以形象地说明互联网背景的人和传统业务人员在面对同一个问题时，解决问题的思路是非常不一样的。传统业务人员在面对问题时经常想的是定规则、压指标、强运营，而互联网人员则经常关注引流、众包、游戏化等。既然互联网能给餐饮业引流、提效，那餐饮业也能成为互联网业务的线下延伸。比如在这个虚拟餐馆的例子中，吃饭可能没有那么重要，陌生社交才是核心，餐馆只是一个线下入口而已。

把这两种业务思维组合起来，形成化学反应，就能收到预想不到的效果。传统业务和互联网业务之间一定要平等对话，这样才能实现基因层面的融合，诞生我们现在可能还想象不到的新业态。

组织化学反应

业务是要靠人来推动的，因此比业务融合更重要的是人这一层面的融合。两种不同行业背景的人，在产业互联网的大旗下走到一起，肯定会面临比较大的挑战。大家背景不同、做事方法不同，甚至收入水平也不同，融合的难度可想而知。

如果仅从组织设计上，在队团中同时配置互联网背景人员和传统业务人员，那这只是简单的物理混搭，团队成员之间很难产生化学反应。而如果团队成员之间不能产生化学反应，业务的融合就会极其困难，甚至根本无法落地。因此，要想在组织层面让两种不同背景的人产生化学反应，就应该要求双方都放低心态，尊重双方的差异，把对方与自己的不同看成对方的优点。具体来说就是：

传统业务人员要抛弃线下才是唯一核心的独尊心态，秉持包容态度，积极拥抱互联网。毋庸置疑，线下业务人员经过多年的淬炼，对线下业务的理解已经深入骨髓。如果按照原有传统模式继续开展业务，那这是他们的巨大优势，而如果要想探索新的融合业态，这会变成他们最大的羁绊。人都是有路径依赖的，通常做事都会选择自己最熟悉、风险最小的方式，这是通过进化印刻在人类基因中的。虽然互联网背景人员可能对某个传统线下业务的理解确实不深，但做增长需要的不正是他们的"无知"吗？无知才能无畏，他们也许靠着这股劲头儿能闯出一片新天地。

而互联网背景人员也要放低心态，保持对传统行业的尊重和敬畏，要放弃互联网对传统行业赋能的居高临下思维。经过这么多年的发展，互联网在我国已经比较成熟，是少数几个我们和西方发达国家差距较小甚至赶超它们的领域之一。从薪资上看，互联网行业从业人员的薪资也是高于大部分其他行业的从业人员的。而且高薪资又反过来促使互联网行业聚集了一批背景非常优秀、素质非常高的人才。所以，互联网背景人员有时会在无意间流露出一些优越感。而且，互联网公司本来就氛围相对开放、讨论更平等，这种开放平等的交互风格加上他们偶尔不经意间流露出的优越感，可能就会被传统业务人员解读为不专业、不尊重他人。所以，互联网背景人员在产业互联网公司，一定要对行业、对线下业务的专业性有充分的敬畏，要有谦卑的学习态度。

另外一个促进线上线下融合的非常重要的角色就是业务线或业务执行闭环单元的一把手，我在这里要单独讨论一下这个角色。不少从互联网公司转到传统业务公司的人，最后都又转回到互联网公司了。他们中的很多人都对自己待过的传统业务公司有这样的评论：公司的线下氛围太重，很多不符合传统业务思路的事情无法落地，尤其是公司业务的负责人的线下思维根深蒂固。

所以业务单元的一把手如果没有产业互联网的思维，肯定会觉得互联网背景人员看起来都是缺点，觉得他们太随意、不懂业务，而且使用他们的成本还相对较高。互联网从业人员相对开放而随意的讨论风格，对其他人员而言确实需要一段时间适应，这需要双方的努力。但这在短期内其实是很难改变的。这就相当于我们招了一个花式体操运动员，现在让他去打拳击，又嫌弃他身板太单薄、不经打。

我们如果要招熟悉传统业务的人，那就在传统业务领域招就行了，完全不需要从互联网公司招。我们之所以从互联网公司招人，看重的肯定不是他们对传统业务的熟悉度，而是他们在互联网领域的特长。所以，他们对线下业务不熟悉我们在一开始就应该预想到，这应该被视为他们的优点，而不是缺点。但这肯定也不能成为互联网背景人员不学习传统业务的借口。互联网背景人员正是在学习传统业务的过程中，才更能迸发出意想不到的火花，促进新业态的出现。但业务单元负责人要让互联网背景人员知道他们对传统业务的不熟悉，恰恰是他们的优点，不能让他们有心理负担。

既要在组织上形成化学反应，又要让风险相对可控，同时做到这两点，无外乎两种主流思路：要么让同样的人按照不同的方式来做事，让从传统业务中成长起来的业务负责人改变思路；要么让不同的人按照同样的方式来做事，可以让互联网背景人员按照传统业务的方式做事。其实，还有另外一种思路：让不同的人按照不同的方法做事。但按这种思路做事太过冒险，只适合在局部进行小范围测试。两种主流思路的第一种，即让同样的人按照不同的方式做事，由于人们路径依赖的惯性，实行起来难度非常大。反而是让不同的人按照同样的方法做事比较容易实现。

因此，业务线的一把手也不一定非要由熟悉传统业务的人来做。当然，如果某个传统公司只有一种相对单一的业务，那还是由传统业务人员来负责风险会小一点。但即便这样，在地域等相对能形成业务闭环的维度，也需要一些互联网背景人员来做一把手。例如，在城市维度，如果一个业务能形成相对闭环，那么这些城市的一把手其实是可以由互联网背景人员来做的。尤其是在一些业务规模没有那么大的城市，其成败对整个公司的影响没有那么大，应该让互联网背景人员去独当一面。

这其实就是用户增长的思路，不测试怎么可能有增长呢？大家都盯着最确定的事做，那让熟悉传统业务的人做一把手，确定性肯定是最高的，但这样做也没有太大创新的空间。要想在产业互联网时代实现持续增长、探索出新业态，就要在组织上兼容并包，给不同背景人员提供百花齐放的土壤。不给他们花开的机会，我们怎么知道哪朵花最美呢？

战略左右互搏

随着 PC 互联网和移动互联网的发展、渗透，很多业务场景的起点从线下转移到了线上，但后续也有可能又会转移到线下，线上线下深度融合，界线越来越模糊。这几年火爆的新零售概念，也是对这种趋势的探索。在一朵花开出来之前，尤其如果还是自己以前从来没见过的花，我们是无法想象它的美的。所以，我们应该对各种可能性保持开放探索的心态，在战略上更应该如此，让不同的层面都有左右互搏的机制。

我之前提到让互联网背景人员来领导一个业务，这其实就是在顶层设置的一个左右互搏机制。不同背景的人会有一套由自己过去经验塑造而成的解决问题的方法论，在达到目标的过程中会采用不同的路径。两条路径上的人，其实是在赛跑，从而形成一种左右互搏的竞争机制。无论哪方胜出，都是企业层面的胜利。

具体到每一个业务上，还需要一个左右互搏的蓝军机制。如果业务的负责人是传统行业背景的，那就需要一个互联网背景人员作为蓝军负责人，这样他就能对于各种决策从不同角度提出意见；同样，如果业务的负责人是互联网背景的，那就需要一个传统行业背景人员作为蓝军负责人，这样他就能提出逆耳的忠言，警醒放飞自我的业务负责人。

在顶层让不同业务背景的人去领导业务，其实是在打破组织内部的边界。在每个业务内部设立蓝军机制，其实是在外部投射出一定的虚拟边界，从而增大业务成功的概率。

在战略上设置左右互搏的布局，能催生组织各个层级渐渐发生化学反应，从而让业务基因发生改变，结出我们想象不到的果实。产业互联网时代才刚刚到来，很多探索还有待展开。如果我们还用同样的传统方法做事却期待不同的结果，无异于痴人说梦。

产业互联网不光是传统企业的机会，也是互联网企业的机会。理解传统企业向产业互联网企业转型的最好方式也许不是告诉传统企业应该怎么做，而是做给传统企业看。即使失败了我们也能从中学到宝贵经验，看到纸上谈兵无法发现的坑，帮助互联网企业更好地与传统企业合作，提供更好的面向 B 端的服务。

产业互联网时代的增长同样万变不离其宗，即用开放的心态在方法论的指导下进行探索测试。在测试探索中，产业互联网的边界由我们来界定！

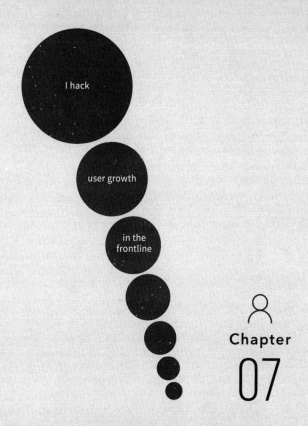

I hack

user growth

in the
frontline

Chapter

07

用户增长团队
如何构建

　　用户增长是一个新兴的领域，从我 2014 年在美国亚马逊总部开始做部分用户增长工作，到现在也不过就 5 年多，我自己的方法论也在不断迭代当中。行业里做用户增长的人大多也只做了一两年甚至几个月，所以大家其实都处于边做边学的阶段。但如果能提前具备某些方面的能力，在做用户增长时就会比较顺手。当具有不同背景、不同能力的人聚在一起时，我们要对他们的工作和思维惯性有所了解，这样才能更好地帮助大家发挥合力。在做用户增长时，除了针对具体项目层面的引导，用户增长团队还应该形成自己独特的团队文化。这种文化就像胶水，能把背景各异的人黏在一起，让他们的力往一处使。

用户增长团队成员能力模型

　　我以前在组建用户增长团队的时候，给负责招聘的同事提的需求是：如果能招到有做用户增长经验的人最好，招不到也不用强求。我希望招聘综合能力强的候选人，要有创造力，有做产品经理的经验也行，最好懂一点技术，有战略视角，还懂一点运营，如果做过数据分析就更好了，要是还有创业经验那就完美了。一般没等我说完，负责招聘的同事就把我怼回来了：你去找一个这样的人给我看看！

其实我之所以提出这样的需求，是因为我发现背景丰富的同学在做用户增长时，会更加得心应手。以我自己为例，我最早是做研发的，后来自己创业，也做过职业经理人，还出国读了MBA，管过研发、产品、运营、战略、BI和用户增长团队。我发现自己在做用户增长时，如鱼得水，以前做不同工作的经历就像一颗颗珍珠，被用户增长这条线穿成了一条项链。

在组建用户增长团队时，除了之前就做过用户增长的人以外，理想的候选人应该有与产品、技术、运营、战略、BI、用户研究等一个或多个方面相关的工作经验，如果还有创业经验或心理学知识就更好了。上面说的几个方面之间的关系比较像加法，而创业经验和心理学知识则更像乘法因子，能把专业能力给放大。

因为创业本身就是一个不分方向，任何事都要做，自己要对用户、收入或利润结果直接负责的综合性项目，所以有创业经验的团队成员，在设计增长逻辑、推动增长项目落地时，思路会更加开阔，主人翁意识会更强。而了解心理学的团队成员在设计增长逻辑时，特别善于把握用户的心理。我们的大部分增长逻辑，都是为了让用户产生特定的 HVA，引导用户做出我们期望的决策。所以，如果对用户心理的工作机制和决策过程有了解，设计出的增长逻辑引导框架就会更有说服力。

如何招募不同背景的人组成增长团队

像组建产品或技术团队一样去组建一个增长团队，而且里面每个成员的用户增长经验都很丰富，还能形成梯队，这几乎是不可能的。在实际组建用户增长团队的时候，很多候选人在简历上都号称做过用户增长，但实际上对用人单位来说，能找到几个用户增长经验相对丰富一点且有实战经验的人就已经很不错了，要招有自己的方法论的人就更难了。所以，用户增长团队成员还需要同时从不同背景的候选人中招募。

刚开始组建用户增长团队时，我们希望候选人最好具有综合背景，如果以前从事过超过两种以上的工作，绝对是加分项，但现实中这样的候选人相对比较难找。后来我就采用了一种替代性方案，让不同背景的人凑在一起组成一个团队，这样大家

就可以借鉴别人之前的专业经验。虽然我可以接受不同背景的
人做用户增长，但是有一个底线：没有数据驱动理念、对数据
不尊重的人，我是绝对不会招的。在把这些背景各异的候选人
组成团队后，我发现不同背景的人在做增长时，会遇到不同的
挑战。

产品经理背景的候选人转做用户增长相对还是比较有优势
的，因为很多用户增长功能和产品功能非常类似。但我也看到
产品经理背景的候选人在做增长时，存在两个非常大的问题：
（1）很容易把项目做成一个单纯的功能型增长项目，没有充分
考虑失败假定，在设计增长功能逻辑的时候，很容易忽略兼容
策略型增长项目，从而导致设计出的增长逻辑的灵活性较差；
（2）前期和 BI 沟通不充分，没有提前设计好分析方案和数据
埋点。

数据分析师背景的人在分析方案设计和数据埋点方面是比
较有优势的，但是在推进项目并与相关人员沟通时就不太顺畅，
容易谈崩，从而影响项目的落地进度。

策略背景的人一般逻辑性都比较好，在项目方案的框架设
计方面是比较强的，但是在 HVA 引导逻辑的细节把控上还需要
提升。他们存在的另外一个比较大的问题是项目落地经验相对
欠缺，从而容易导致两方面的问题：（1）觉得自己在逻辑推演

上已经想得很清楚了，在没有实际经验或是深入调研的情况下，很容易对一些事情做草率的判断；（2）在把项目推进落地并拿到测试结果的过程中，很容易陷入一些低谷状态走不出来。也就是说，他们很容易在一开始设计方案的时候信心满满，迫不及待想要推进，但是中间遇到一点困难和挫折，韧性就不那么足了。

还有其他背景的人在转做用户增长时，也都会在某个方面遇到比较大的挑战。过去的成功经验铸就了我们的职场竞争力，但正如增长的非连续性一样：如果我们是在同一个领域（同一条曲线）继续开展工作，那以前的经验就是成功的关键；如果不是在同一个领域工作，例如从其他工作岗位转做用户增长，那过去的经验就只能部分借鉴。然而很多时候，人们都有路径依赖的倾向，毕竟过去的成功经验是最有说服力的，但过去的成功也可能会成为现在失败的原因。所以，作为一个增长团队的负责人，在组建团队的时候，要看到大家以前的背景对后续工作的影响，在帮助团队成员补足短板的同时让大家尽量把自己的优势发挥出来。

既然我们把不同背景的人聚在了一起，那对他们之前的工作方式和后续可能遇到的一些挑战，都必须要有一定了解，这是团队负责人的职责。这样在大家做增长项目时，就可以根据团队不同成员的背景特点，对项目予以不同程度的关注。尤其是针对他们可能会遇到挑战的地方，要重点监控并引导。有时候，这种引导可能不是项目本身层面的，而是精神层面的。

用户增长团队的文化——正能量

由于不同的管理者有不同的领导风格，所以不同的团队可能会形成带有不同管理者烙印的独特文化。但无论什么文化，只要能把团队凝聚在一起，让大家朝同一个方向坚定前进，就是好文化。不过在用户增长团队中，文化中正向积极的因素一定要比较强，因为用户增长是用测试冗余性换取增长确定性，大部分测试都是会失败的，所以团队成员在面对失败时的精神面貌就尤为重要。

虽然团队成员知道大部分测试会失败，但是团队外的人未必了解。我看到不少其他岗位的人，认为用户增长和做广告创意差不多。他们觉得用户增长就是想到一个非常棒的创意或很厉害的功能，然后就能带来用户量飞跃式增长，但其实他们对用户增长的底层逻辑是不清楚的。在增长测试失败后（这是常态），他们可能还会有一些负面评论，例如觉得增长团队的人能力不行或不专业，从而影响增长团队的士气。

所以，正向积极的增长团队文化不光能让团队成员坦然面对失败的测试，从中分析数据、汲取灵感、获取经验，还能让团队能正确面对外部的压力。知易行难，相对于实际做事，做评论永远都是最容易的。尤其是在出现一些评论者无法理解的结果时，他们的评论会显得更为雄辩，因为这些结果大概率其他人也无法理解。

为了消除这些负面因素对团队的消极影响，我在团队提倡的文化就是"正能量"。"正能量"分为正言、正行、正念三个层面，争取让团队成员能做到福从心起，心随言动。

正言

"正能量"文化首先要求团队成员既不要有负面言论，也不去散播负面情绪和言论。如果遇到一些挫折我们就说负面的话，那这种负面情绪在我们说话的时候就会被放大。同时，这种负面言论又会对团队其他成员造成影响，从而形成一个恶性循环。这种负面情绪最大的危害就是让人忽略工作本身带来的满足感，使大家难以在工作中进入心流状态。

有些人可能会认为，有负面情绪的时候说一些负面的言论，是舒缓压力的一种方式。但其实并不是，我们在说负面言论的时候，负面情绪其实大概率会被强化，这就是心理学上"具身认知"的概念。具身认知是心理学中相对新兴的一个研究领域，它是指我们的生理体验和心理状态其实是紧密关联、相互影响的。我们说话也是一种非常明显的生理体验。我们所说的话，肯定要经过大脑的组织，大脑在组织这些负面言论的时候，默认这些话是真的。于是，大脑会把这些负面言论作为事实留在我们的潜意识中，从而不知不觉地影响我们的后续行为。所以，一些情感强烈的正面或负面言论，其实很容易与我们的心理状态彼此强化，让我们陷入一些良性循环或恶性循环。

为了让大家对具身认知的理解更直观，我说一个可能很多人都听过的例子。国外曾经有心理学家把受试者请到实验室，让他们看一些图片，并让他们对这些图片的好笑程度进行打分。在进行这个试验前，受试者被随机地分成 A、B 两组。A 组被要求使用嘴唇含住一支笔，并且不能让牙齿碰到笔；B 组则被要求用牙齿咬住一支笔，并且不能让嘴唇碰到这支笔。大家做一下这个动作就会发现，A 组做的这个含笔动作要把嘴唇撅起来，就像生气嘟着嘴一样，是一个不高兴的表情；而 B 组在做牙齿咬笔这个动作时，是要把嘴巴张开，嘴角上扬，露出牙齿，就像很开心地笑，是一个开心的表情。这样就给 A 组伪造了一个生气的生理体验，而给 B 组伪造了一个开心的生理体验。

我们都知道，无论是 A 组用嘴唇含住笔，还是 B 组用牙齿咬住笔，与他们判断这些图片是否滑稽好笑并没有任何关系。然而试验结果却出乎意料，"生气"的 A 组认为这些图片并不好笑，而"开心"的 B 组则认为这些图片好笑有趣。实验前 A、B 两组受试者都被精心筛选过，以确保他们在各方面没有明显的差异，但是人为制造的"生气"或"开心"的表情却影响了他们对于图片的判断。

另外，我们在生活中，可能听过对某人这样的评论：他满嘴跑火车，但每次说的时候都非常有信心，就像真的一样，估计说得多了把他自己都给骗了！当然，还有更牛的人，吹过的牛还都实现了！

因此，我们应该在生理体验和话语层面都保持积极的习惯和心态，这样才能直面增长测试失败的挑战和团队外的负面声音，做到愈挫愈勇、心随言动！

正行

在做用户增长测试的时候，我们经常会发现结果达不到我们的预期。在这种情况下，除了自己不说消极言论、不散播负面情绪之外，还应该积极推进下一步工作。按照我们之前所说，做项目之前我们已经有项目会失败的心理准备，所以对于下一步要做什么，我们应该是胸有成竹的。这个时候，我们需要采用正行的态度，始终关注自己能改变的事，从失败中成长，这样就能很快走上增长的正循环。

十多年前，我第一次读《高效能人士的七个习惯》，这本书对我的冲击非常大。最近，我又参加了七个习惯的相关培训，受到的冲击仍然很大，也对这七个习惯有了更深入一层的理解。

如图7-1所示，我们在生活和工作中会关注非常多的事情，这些事都在我们的关注圈之内。但其中只有一小部分是我们可以改变的，这些事属于我们的影响圈。很多时候，我们不知不觉地在为关注圈的事忧虑、烦恼，耗费了大量能量、心力，这反而让我们无法去改变影响圈中的事情，从而导致我们能改变的事越来越少，陷入恶性循环。如果我们始终把能量集中在影响圈内，这种能量就是积极能量，会扩大我们的影响圈，让我们能做的事越来越多、越来越重要。如果我们经常把能量集中在关注圈，这种能量就是消极能量，它会缩小我们的影响圈，让我们的影响力越来越弱。

因此，盯住长期目标，时刻聚焦我们能改变的、能帮助我们实现目标的事，不让关注圈里的事分散我们的精力，始终专注于效能的提升，这就是正行。

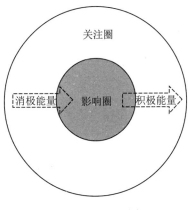

图 7-1　关注圈与影响圈

　　很多人在小的时候，心中都曾有个改变世界的梦想。但随着年龄增长，关注圈扩大，烦恼增多，我们渐渐忘记初心。其实，改变世界并没有那么难，只要我们能平静接受自己不能改变的，始终尽力去改变自己能改变的，就一定能改变世界。我们自己也是世界的一部分，只要你愿意，改变自己总是可以的。所以，改变世界从改变自己开始。

正念

　　正念的概念大家可能都知道，其实就是要我们关注当下，关注自己的存在。更多关于正念的解释，在网上就能搜到，我就不展开了。在这个部分，我想分享的是如何在工作中引入正念的视角，让工作本身能带给我们幸福的满足感。

由于用户增长工作本身的性质，很多增长测试的失败会不断带来负面影响。如果在做用户增长的时候，只是凭着一股劲支撑着自己，工作本身对自己是一种消耗，那迟早会坚持不下去。用户增长工作虽然非常有挑战，但其实是非常有趣的。

只要我们能专注于工作本身，就能感受到能力在自己身上"滋滋"地成长，就像看到嫩芽破土而出一样，就能够从工作中获得极大的满足感。不管是带来巨大增长的项目，还是不如预期的项目，都是用户增长工作的一部分。如果我们总是盯着增长的结果，忽略我们自己，忽略在工作中的成长，不能享受这个过程，不能从工作中吸收能量，那用户增长就会变成一件得不偿失的事！

另外我还要强调一下，正念的工作方式和大家常说的佛系是完全不同的。佛系的态度可以概括成"无所谓"，而正念的工作方式是绝对有所谓的，目标是绝对要强调的，要不断通过完成我们影响圈的事来实现目标，这个实现目标的过程也是让我们汲取能量的过程。我们也许有鸿鹄之志，一生都在匆忙赶路，但也不能错过路途中的风景，这有点心有猛虎细嗅蔷薇的感觉。

　　我在团队中提倡"Start being while doing"，即在忙碌的工作中要感知到自己的存在和成长，这种感知是我们幸福的源泉，让我们做到福从心起。

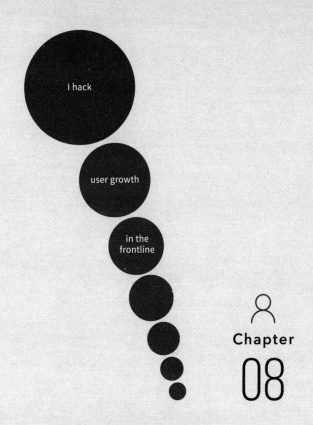

I hack

user growth

in the
frontline

Chapter

08

增长用户从
增长自己开始

人

开始做用户增长以后，我发现自己的心态有了一个非常明显的变化，变得没有以前那么急躁了。以前，我眼里只有目标，所有事情对我来说都是实现目标的一个手段。而现在，除了目标，过程对我也非常重要。人生是要有一个目标，但目标绝对不是人生的全部。我的想法之所以有这么明显的变化，源于多年前的一件事，那时候我还在美国西雅图的亚马逊工作。

我在美国杜克大学读 MBA 期间，如我们计划的，我太太在那里生了一个胖小子，一家人非常开心。MBA 毕业后，我去了美国亚马逊工作。虽然西雅图是一个特别宜居的城市，但是亚马逊的工作节奏非常快，再加上孩子还比较小，所以各方面给我的压力非常大。

当时，我太太一个人带小孩，孩子还不到一岁，各种育儿琐事让她操劳又操心。为了缓解她的压力，我一般会在下午五点半左右先下班回家，然后给孩子喂饭，饭后陪他简单玩一会，再帮他洗澡，洗完澡后再把他哄睡。等他睡着后，已经过七点了，我再接着加班处理工作上的事情，一直忙到很晚。

这样的生活和工作节奏，虽然压力非常大，但是得益于之前在商学院的准备，我还是可以接受的。之前在商学院时，学校说为了让大家对毕业后的工作强度有个准备，课程和各种活动的安排强度也是非常高的。记得我刚去 Fuqua 商学院开始我 MBA 旅程的前半年，学业压力非常大。当时，晚上做完各种作业和案例准备，经常已经是凌晨两三点了，早上 6:30 左右就要起床。我记得当时经常要在晚上 12 点以后才能把当天的作业做完，然后还要准备第二天各种课程的案例。这些案例加起来经常是上百页 A4 纸的内容，还是全英文的。想象一下，在半夜 12 点后看到这些案例，心情是多么绝望。

所以有过 MBA 的经历，尽管亚马逊的工作和育儿琐事加起来也非常繁重，但从心里上来说，我还是能非常从容地处理的。可这是我以为的，我的身体还是出了状况。突然有一个周末，我感觉头疼特别严重，心脏位置也感觉剧烈疼痛。当时，我脑海中闪现一个可怕的念头：我不会猝死吧！

在医院等候检查的时候，我不断思索，过去这么多年的生活与工作，有哪些高光时刻让我感觉特别快乐和幸福。之前我会认为，一个阶段性目标的达成会给我带来极大的幸福感，而且这种幸福感会停留非常久。但当我实际开始搜索回忆时才发现，结果固然重要，但其提供给人的幸福感并没有想象中那么强，而且消退得也非常快。而为了实现目标，舍命狂奔的那些时光，就像眼睛被蒙住了，错过了非常多的风景。偶尔发现实现目标过程中的一些闪光时刻，例如某个晚上与太太的一番深刻交谈，反而能让我获得相对持久的幸福感。而那些蒙眼狂奔的过程，在回忆中显得很苍白，就像被强制按了快进一样。

在医院做了心电图等各种检查后，医生说总体没什么问题，心脏区域的不适感可能是胃部炎症引起的，并不是心脏的问题。在做了胃镜后发现，胃部确实有一些轻微的浅表性胃炎。头疼可能是心理上的一些压力引起的，总体上没有什么特别大的问题。检查结果虽然不错，但还是让我开始了对自己人生的思考。这种思考也是后来促使我从美国回到国内工作的原因之一，尽管当时我已经抽中了 H1B 工作签证。

此后的几年，我经常会思考，这一辈子要过成什么样，我希望等自己老了躺在摇椅上，回忆这一辈子时，脸上始终会洋溢幸福的微笑。

在做用户增长的过程中，随着对 LTV 的理解越来越深，我开始思考，我自己人生的 LTV 是什么呢？如果每个人这一辈子都要追求一个东西，应该是什么呢？我觉得应该是幸福感。每个人在不同的阶段，可能都有不同的目标，人生的路径也各不相同，但我觉得追求幸福感应该是大家都向往的。大概没有人会说自己不想获得幸福感。我在这里用的是"幸福感"三个字，而不是"幸福"。因为我觉得幸福是没有客观标准的，每个人眼中的幸福都是不一样的，是一个特别主观的感受，所以用幸福感会更贴切一点。

如果大家追求的是幸福感，那就类似用户的 LTV，我们一辈子所获得的幸福感，是不是可以用 LTH（life time happiness）来表示呢？就像我们希望让用户的 LTV 最大化一样，我们人生的目标是不是也应该让自己的 LTH 最大化呢？

如图 8-1 所示，从我们出生开始，或者更准确地说是从我们有自我意识开始，可能在每一天我们都会多多少少有一些幸福感。假设每个时刻幸福感的曲线可以用函数 $f(x)$ 来表示，那在从我们出生到死亡这段时间，曲线下的面积 S，即 LTH，就是我们这一辈子所累积的幸福感。所以，我觉得人生的目标就是要让自己的 LTH 最大化，用函数来表示的话就是 Max（LTH）。

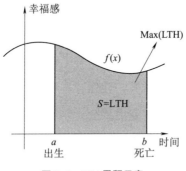

图 8-1　LTH 累积示意

　　如果人生的目标是 Max（LTH），那我们仅仅盯着某一个目标，而忽略过程的话，是不可能让 LTH 非常大的。如果在实现目标的过程中，我们都很痛苦，每天的幸福感接近于零，那在目标实现以后，即使我们的幸福感会在短时间内非常高，但也会衰退得非常快。这样的话，LTH 也不会特别大，因此，要想最大化 LTH，就要先最大化这些时点的幸福感。

　　除了关注某个时点的幸福感，我们还应该重视人生效能的提升，就是关注那些能让我们提升幸福感的能力。例如教育，如果我们能接受更好的教育或更多的技能培训，让自己的能力变得更强，那后续获得的幸福感与之前相比有可能会提升一个台阶。或者是做某些能让我们更健康，提升生命的长度的事，例如运动，运动不光能让我们感受到幸福感，还能提升我们感受幸福的时间长度。

与提升效能对应，对于那些能带来短暂幸福感但却对长期不利的事，我们应该坚决抵制。举个极端的例子，虽然使用毒品在当时可能让你非常爽，让你有一种幸福感，但这种感觉会很快消退，随之而来的空虚感会让你的幸福感化为零。甚至在毒瘾发作的时候，不仅你的幸福感可能是负的，你体验幸福的生命长度也会缩短。所以，这是一个典型的缩小 LTH 的事，我们应当避免这类事情发生。

我在前面强调了，幸福是一种主观的感受。所以在外界条件不变的情况下，如果我们能改变自己的想法或视角，幸福感还能进一步提升。我之前和团队同事说了一个听起来很鸡汤的场景，但其实这是我常常经历的真实体验：有时候在中午吃完饭散步，或者周末在公园、小区里走的时候，感受到阳光洒在脸上，微风拂过，吸入清新的空气，烦恼随着呼气排出体外，想到自己拥有的一切，能莫名感受到非常强烈的幸福感。从任何意义上来说，我都不算很成功，但在散步时用心感受环境与感官的交互，想到我有一个我爱且爱我的太太、调皮的小孩、喜欢的工作，那种满足感无以言表。后来我才知道，这应该就是一种正念的状态。

世间万物，阴阳相生，刚柔并济。我们不能陷入自己的梦境当中，毫不努力，但在努力的同时，也要关注过程，提升自己感受幸福的能力。

用户增长的工作，用一个函数来表达就是 Max（ALTV）。作为在用户增长领域工作的人，我们应该找到自己的人生函数，这会让我们在工作中充满正能量。这种正能量能帮助我们克服各种负反馈，在工作中更好地形成正循环。对我自己而言，我的人生函数就是 Max（LTH）。人要有目标，要付出艰苦卓绝的努力来实现目标，但在赶路实现目标的同时，也一定不要忽略路边的风景。

我们生活在过程中，而不是住在目标里！

后 记

随着移动互联网红利的结束，存量用户的重要性越发凸显出来。这需要用户增长和用户运营更好地有机结合起来，让用户的 LTV 曲线向上跃迁。而提升存量用户的价值这一内容，恰恰是目前的用户增长相关书籍涉及较少的。所以我写作本书的主要目的是在拉新之外，让大家知道如何更体系化地提升存量用户的价值；让大家在中国具体的商业环境中，从方法论、实践总结、组织建设这三个方面建立对中国式用户增长理论框架的认知。

其实，写作本书的想法始于 2017 年年底。当时，适逢共享单车战略格局变化，我本人的工作也处于一个过渡阶段，但真正开始动笔写作是在 2018 年。其间因为工作忙，基本都是利用节假日以蚂蚁搬家的方式来写。当然，还是我对时间挤得不够狠，否则应该能更快完成本书。

　　我在写作过程中经历了多次迭代，一些方法论和实战经验的总结更是经过了反复思考和锤炼。经常出现写完一部分内容后，随着自己认知的迭代，又返回去重新修改的情况，这也导致写作进度相对较慢。

　　本书中的内容，绝大部分都是我自己的原创思考，所以难免有不到位或错误的地方，欢迎大家提出不同想法来一起探讨。还有一小部分借鉴了其他经典书籍的思想，我把它们应用在了用户增长领域。每个人对这些经典理论的理解可能会有不同，所以读者有不同意见也是很正常的。针对本书中的案例和方法论，无论是否有不同意见，都欢迎大家添加我的微信公众号进行讨论，我们一起学习成长。

　　虽然写作本书的过程非常耗费心力，但我是很享受的，经常都会处于心流之中。我认为书中的很多内容都值得大家反复翻阅，尤其是第一章和第三章。其中的道理可能几句话就写完了，但背后的思想精髓可能需要细细琢磨才能运用到自己的工作中。知易行难，自古使然。

　　在这个过程中，我要特别感谢我太太对我的支持和鼓励。我的节假日其实也是她和孩子的节假日，平常我没有时间陪他们，他们就盼望着节假日。可写作本书不光用的是我的节假日，其实也侵占了他们的节假日，好在他们对我的写作非常包容、理解和支持。

　　最后，希望大家都能幸福开心，盯紧目标，享受过程，福从心起。

　　　　　　　　　　　　　　　　　　　　　杨瀚清